Valerio Nicolosi

C'era una volta Gaza

Vita e morte del popolo palestinese

Rizzoli

Pubblicato per

Rizzoli

da Mondadori Libri S.p.A.

Pubblicato in accordo con Piergiorgio Nicolazzini Literary Agency (PNLA)

ISBN 978-88-17-19019-0

Prima edizione: settembre 2024
Seconda edizione: novembre 2024

Realizzazione editoriale: móz studio editoriale, Roma

C'era una volta Gaza

A Valentina e Lorenzo.

Introduzione

«Hai visto che sta succedendo?»
«Sì, un disastro.»
«Tu cosa pensi che accadrà?»
«È la fine di Gaza.»
...
«Lo credo anche io.»

Il 7 ottobre 2023 è uno spartiacque per il Medio Oriente, ma anche per il resto del mondo, è una crepa in una storia che parte da lontano e che in questi anni è stata spesso sintetizzata, banalizzata, mal raccontata.

In apertura ho riportato lo scambio di messaggi con un'amica e collega, che ha lavorato a Gaza per diverso tempo, e che la mattina del 7 ottobre mi ha scritto non appena ha saputo la notizia dell'attacco di Hamas a Israele. Gli assalti ai kibbutz, la voce di un tentativo di assalto alla prigione di Ashkelon: in quelle ore era tutto molto confuso, sapevamo solo che c'era in corso un massacro e che sarebbe arrivata una risposta dura, molto più delle altre volte. Chi conosceva la Gaza che c'era prima del 7 ottobre ha capito subito che nulla sarebbe stato più lo stesso.

Millenni di storia, secoli di battaglie e decenni di occupazione e lotta per ogni singolo centimetro di terra. Scrivere o parlare di Palestina non è mai semplice, al contrario, è tra le cose più complesse al mondo, perché chi ti ascolta o chi ti legge oscilla spesso tra il «Troppo complicato, non ne capisco nulla» e lo «Sto dalla parte di, senza se e senza ma».

A me l'idea di equidistanza non piace, questa è una delle premesse necessarie per questo libro. L'equidistanza a ogni costo è in realtà scegliere di schierarsi dalla parte del più forte, perché c'è sempre una parte più forte e una più debole. Mi piace invece unire i pezzi di un puzzle, in questo caso anche molto frammentato, e raccontare quello che vedo, quello che vivo sul campo, quello che mi riportano le persone. Ma per unire i pezzi di questa storia bisogna andare molto indietro nel tempo, anche a prima del 1948, quando, a una popolazione ebraica già stanziale in Palestina, iniziarono ad aggiungersi gli ebrei che arrivavano dall'Europa, soprattutto dall'Est, per sfuggire alla persecuzione e all'antisemitismo presente ben prima del nazismo e delle leggi razziali italiane. Ma arrivavano anche dagli Stati Uniti. Arrivavano e compravano la terra, oppure lavoravano quella comprata da altri, creando delle comunità totalmente indipendenti dal contesto esterno, fino a quando non divennero tanti e soprattutto fino a quando non ci furono i presupposti per creare uno Stato.

In questo libro racconto di Gaza, della Cisgiordania, di Gerusalemme Est, luoghi di cui si sente sempre parlare ma che, se non ci si è stati, è difficile collocare su una mappa. Gaza, o meglio la Striscia di Gaza, è un'enclave nata nel 1948, un territorio dove i palestinesi di Jaffa e delle altre città palestinesi si rifugiarono quando nacque lo Stato d'Israele e quei luoghi cambiarono nome, e le loro case i proprietari.

«Restituiamo il Paese senza un popolo al popolo senza un Paese. (Sentite, sentite...) Perché abbiamo qualcosa da dare oltre che da prendere. Possiamo spazzare via il ricattatore – che sia un pascià o un beduino – possiamo far sbocciare il deserto come la rosa, e costruire nel cuore del mondo una civiltà che possa essere mediatrice e interprete tra l'Oriente e l'Occidente» scriveva l'intellettuale inglese Israel Zangwill nel 1901 in un dibattito sul futuro della Palestina. Zangwill era di famiglia ebrea-russa, e come la sua tante altre, in quegli anni, cercavano rifugio altrove, molte delle quali lo trovarono proprio in Palestina con la nascita delle prime comunità, dei primi kibbutz. La popolazione ebraica in Palestina aumentò a seguito della Dichiarazione di Balfour del 1917, una lettera che l'allora ministro degli Esteri britannico Arthur Balfour scrisse al barone Lionel Walter Rothschild, banchiere e politico ebreo-inglese e referente della comunità ebraica per il governo. Nella lettera il governo britannico dichiarava che «vede con favore la costituzione in Palestina di un focolare nazionale per il popolo ebraico e si adopererà per facilitare il raggiungimento di questo scopo, essendo chiaro che nulla deve essere fatto che pregiudichi i diritti civili e religiosi delle comunità non ebraiche della Palestina, né i diritti e lo status politico degli ebrei nelle altre nazioni». Alla fine della Prima guerra mondiale la Palestina, a seguito della dissoluzione dell'impero ottomano, era diventata un territorio sotto il mandato del protettorato britannico. Gli inglesi erano spaventati dalla crescente potenza militare egiziana per il controllo del canale di Suez, e la presenza di una popolazione sul territorio che fosse più vicina a loro rappresentava una rassicurazione.

Nei vent'anni successivi gli ebrei arrivarono sempre più in massa passando da circa 80.000 a 360.000, accumulando terre e creando una rete tra le comunità che via via andavano formandosi. Nacque così un'ostilità da parte dei locali nei confronti degli immigrati, ostilità che nel 1936 innescò la Grande rivolta araba dei palestinesi, repressa dai soldati britannici e dall'Haganah, l'esercito clandestino ebraico in Palestina, che collaborò con i britannici contro i palestinesi, ai quali, prima di essere disarmati, fu imposta la detenzione amministrativa, ovvero l'arresto senza un capo d'accusa e un regolare processo (lo stesso che vige oggi in Cisgiordania). Con le persecuzioni naziste gli ebrei arrivarono in massa e nel 1948, quando se ne andarono i britannici, le milizie ebraiche erano molto più forti, armate e organizzate di quelle dei palestinesi, tanto da riuscire a prendersi città e villaggi in poche settimane, occupando case che prima erano dei palestinesi; relegando di fatto i profughi palestinesi nella Striscia di Gaza, in Cisgiordania o in esilio in Libano, in Siria e in Giordania.

Gaza quindi era un luogo sicuro nonostante fosse circondata dal nuovo Stato che nel frattempo la occupava, installava colonie e faceva incursioni militari quando e come voleva.

Nel 2005 vennero ritirate le colonie israeliane da Gaza e dal 2007, dopo le presidenziali palestinesi, vinte da Hamas nel 2006, tutto cambiò. Hamas è un'organizzazione politica islamica, acronimo di Movimento islamico per la resistenza, da molte nazioni inserita nella lista delle organizzazioni terroristiche ma non dall'ONU, che nel 2018 respinse una mozione che ne chiedeva l'inserimento proprio in questa lista. L'obiettivo ultimo del movimento è la cacciata degli ebrei dalla Palestina, ovvero da quella terra che va «dal fiume Giordano al mare».

Nel 2006 gli avversari di Hamas del fronte laico e progressista composto da Fatah e dal Fronte popolare per la liberazione della Palestina presero diecimila voti in più, ma a differenza delle volte precedenti si erano presentati separati. Fino a quel momento Gaza e la Cisgiordania erano state sotto il controllo dell'ANP, l'Autorità nazionale palestinese nata dagli accordi di Oslo nel 1994, unico tentativo di pace concreto fatto dal 1948 a oggi. Gli accordi prevedevano il riconoscimento dello Stato d'Israele e la creazione di una Autorità nazionale palestinese, prototipo dello Stato che sarebbe nato in diverse tappe. Quel processo però si è interrotto il 4 novembre 1995 quando, durante una manifestazione a sostegno degli accordi di pace, un estremista colono ebreo ha ucciso Yitzhak Rabin, primo ministro israeliano e protagonista degli accordi di Oslo insieme a Yasser Arafat.

Con la vittoria di Hamas alle presidenziali, e soprattutto con l'ottimo risultato politico del movimento islamico a Gaza, arrivato come voto di protesta contro l'ANP, accusata di corruzione, avviene la rottura. L'ANP, presieduta da Abū Māzen da un lato, Hamas dall'altro: la prima, dopo scontri a fuoco e manifestazioni, mantiene il controllo della Cisgiordania, mentre Hamas prende il controllo della Striscia di Gaza. Inizia così l'assedio da parte di Israele, che decide di chiudere dentro quel pezzo di terra non solo il suo nemico giurato, Hamas, ma anche due milioni di civili. Le costruisce un muro attorno, chiude dentro un recinto un popolo che per il novanta per cento era composto dai figli e dai nipoti dei profughi del 1948, iniziando un assedio totale: terra, mare, cielo sono sotto il controllo israeliano, l'acqua potabile è rara perché il dissalatore spesso viene bombardato e l'elettricità viene somministrata da Israele per sole quattro ore al giorno, senza un orario prestabilito, con una turnazione volutamente casuale nei quartieri.

Anche il mare è sotto assedio, la distanza è fissata in tre, cinque o sette miglia, a seconda della decisione momentanea della marina militare israeliana. Nessuno entra e nessuno esce dalla Striscia se non con il permesso di Israele, e l'unica porta a sud resta chiusa: il valico di Rafah che separa la Striscia dall'Egitto è serrato per molti mesi all'anno e, quando apre, la fila è sempre chilometrica.

Le relazioni tra Egitto e Israele sono complicate ma buone, soprattutto dopo la guerra del Kippur del 1973 e i trattati di Camp David del 1978. Condividono un lungo confine lungo il Sinai e lo stesso Egitto, nonostante in passato abbia avuto posizioni pro Palestina, è responsabile del blocco imposto a Gaza visti i periodi brevi di apertura dell'unico valico della Striscia confinante con l'Egitto. Inoltre dal 2014, ovvero da quando in Egitto il percorso democratico si è interrotto e i Fratelli musulmani sono stati cacciati verso il Sinai, Gaza è un confine sensibile per al-Sisi e l'apparato dittatoriale egiziano: Hamas anche se molto atipico è un movimento che fa parte dell'organizzazione sovranazionale della Fratellanza musulmana, un islam politico con ramificazioni in moltissimi Paesi, ma che in Egitto è stato messo al bando dopo la vittoria delle elezioni presidenziali nominando Morsi. La repressione di al-Sisi ha spinto non solo i Fratelli musulmani ma anche organizzazioni jihadiste verso Rafah, per cercare rifugio proprio a Gaza. Nel 2014, ma anche negli anni subito successivi, la loro presenza nella Striscia era alta.

Gaza e la Palestina non sono la classica guerra locale dove le grandi potenze internazionali si fronteggiano a distanza. Non il Vietnam, non la Corea, ma la Palestina con le sue stratificazioni, troppo complesse da articolare in un solo libro, forse anche in un'enciclopedia. Quello che è certo è che l'Occidente è sempre stato al fianco d'Israele, anche se non sono mancate le eccezioni, e penso ai governi italiani della Democrazia cristiana e dei socialisti, che avevano rapporti diretti con i palestinesi, all'epoca classificati come terroristi che mettevano bombe e dirottavano aerei. Poi c'è stata l'Unione Sovietica prima e la Russia poi, con il suo sostegno alla Palestina ma con rapporti cordiali con Israele visti i numerosi ebrei ortodossi russi che vivono nello Stato ebraico. Infine i Paesi arabi, che spesso hanno sostenuto, ma anche tradito, la causa palestinese in nome di una stabilità interna o di una superiorità militare israeliana che hanno preferito non affrontare.

Intanto Israele imponeva un blocco navale, aereo, marittimo che il mondo ha guardato da lontano, dallo spioncino in un muro invalicabile, e supportato dalla propaganda del «sono tutti terroristi». Una guerra a bassa intensità con bombardamenti settimanali senza la possibilità di fuggire.

E poi ci sono stati i momenti ad alta intensità, ovvero le guerre: 2008, 2012, 2014, 2021. Una serie di offensive militari da parte d'Israele che hanno distrutto a più riprese la Striscia.

Tutto questo, in estrema sintesi, era la Striscia di Gaza, ma in queste pagine la troverete sullo sfondo, come contesto, perché qui ho provato a raccontare un'altra Gaza, che non si trova su Wikipedia o nei libri di storia, ed è quella fatta dalle storie, tante, di persone che vivono in quello stato di cose e praticano una resistenza tutta loro: quella della vita contro l'assedio.

Università, mercati, il porto, le fragole, i garofani, i pugili, i rapper e i parkouristi: a Gaza c'era tutto questo e molto altro, c'era la vita nonostante tutto, nonostante un assedio senza precedenti. Almeno fino al 7 ottobre 2023, quando Hamas con l'operazione al-Aqsa Storm cambia la storia e, con essa, le storie.

Prologo

«Nei due anni precedenti al 7 ottobre la mia vita non era mai stata così felice: prima il matrimonio, poi la gravidanza e la nascita di Sofia, l'università con gli studi nella Cooperazione internazionale e nel Giornalismo. Facevo quello che avevo sempre voluto, nonostante la nostra vita fosse a Gaza, quindi sotto assedio. Eravamo felici, poi è arrivato il 7 ottobre e tutto è andato in malora.» Jumana la vedo poco nitida, i quadretti dei pixel non rendono giustizia al suo viso che mi ha sempre ricordato quello di Cleopatra. Jumana, come qualche altro migliaio di gazawi, è riuscita a scappare dall'inferno di Gaza lanciando una raccolta fondi online di 50.000 euro, necessari a far uscire dalla Striscia lei, il marito, la figlia e altre sei persone della famiglia del marito. 5000 euro a testa più 5000 per le prime spese al Cairo (importi fissati dall'agenzia di viaggio egiziana Hala, copertura dei servizi di sicurezza egiziani, che dal 2019 coordina gli attraversamenti della frontiera di concerto con le autorità israeliane ed egiziane. Prima della guerra attraversare il confine costava circa 300 dollari). Questo per mesi ha rappresentato l'unico modo per gli abitanti di Gaza di fuggire, perché l'Egitto non ha concesso un corridoio umanitario sicuro, aveva paura che non sarebbe stato temporaneo, che come in Libano, Siria o Giordania i palestinesi si sarebbero riversati in Egitto per poi restarci, non avendo la possibilità di ritornare nelle loro case, nella loro terra. Così è riuscito a scappare solo chi poteva pagare una mazzetta a Hala, che oltre al visto organizzava anche il trasporto verso Al-Arish, la prima grande città che si incontra nel Sinai, per poi volare verso la Capitale.

Dalla sua nuova casa al Cairo, Jumana non ha il sorriso di sempre e appena la connessione diventa più stabile e spariscono i pixel mi sembra invecchiata di molti anni.

«Questa è casa mia, ma è come se non lo fosse» mi dice mentre si sposta per cercare un angolo tranquillo dove poter fare quella che sarà la nostra lunga chiacchierata. Vivono in nove in un appartamento della periferia del Cairo: lei, il marito Shaban, la loro bambina di due anni e mezzo, Sofia, e tutta la famiglia di Shaban, con cui hanno lasciato Gaza appena un mese prima.

«Abbiamo sempre vissuto con una borsa pronta, con vestiti e documenti: a Gaza sai che possono bombardare la tua casa da un momento all'altro, che dovrai scappare. Ma il 7 ottobre abbiamo capito di non avere una via di fuga, che non ci sarebbe stato un posto sicuro in nessun luogo della Striscia.»

Mi ha sempre sorpreso la storia della valigia sempre pronta, è una cosa comune tra i gazawi. L'idea di vivere con una borsa pronta mi ha ricordato l'ultimo periodo della gravidanza di mia moglie Valentina. Andavamo sempre in giro con due borse, una per lei e una per Lorenzo, il figlio che stavamo aspettando. Dentro c'erano poche cose, l'essenziale per i primi giorni d'ospedale, ce le portavamo dietro anche quando facevamo solo una passeggiata perché Valentina aveva bisogno di sgranchirsi un po' le gambe affaticate dal peso del pancione. La differenza è che le nostre borse erano pronte per la vita, mentre quelle dei gazawi sono sempre pronte per la fuga o per la morte.

Non è la prima volta che Jumana affronta una guerra. Nata nel 1995, subito dopo gli accordi di Oslo, che avevano dato l'illusione della pace dopo anni di intifada – la prima – con scontri, morti e feriti; quando aveva cinque anni iniziò la Seconda intifada, con la passeggiata provocatoria di Ariel Sharon, all'epoca primo ministro israeliano, sulla Spianata delle moschee, che riaccese il conflitto, dando il via a una stagione fatta, da un lato, di raid e uccisioni indiscriminate per mano degli israeliani, e dall'altro, di kamikaze palestinesi sugli autobus o nei luoghi pubblici. Ne aveva tredici ai tempi di Piombo fuso, l'operazione militare israeliana nella Striscia di Gaza che ebbe inizio il 27 dicembre 2008 e terminò il 18 gennaio 2009, con un bilancio di tredici morti sul lato israeliano e di circa 1200 sul lato palestinese. Chi c'era ai tempi di Piombo fuso ricorderà le bombe al fosforo lanciate sulla popolazione di Gaza e l'offensiva di terra che cominciò nei primi giorni del 2009, con l'artiglieria che colpiva i centri abitati e i tank che entravano a Beit Lahia, Beit Hanun, Jabalya e arrivavano fino alla periferia della città di Gaza. Questa operazione militare ebbe luogo a distanza di due anni dalla vittoria delle elezioni di Hamas e subito dopo la costruzione del muro. In qualche modo fu l'inizio, l'antipasto di quello che sarebbe accaduto negli anni successivi.

A diciassette anni Jumana conobbe Colonna di fumo, un'altra delle operazioni militari israeliane che colpirono la Striscia. Iniziata il 14 novembre 2012 con l'omicidio mirato di Ahmad Al-Ja'bari, capo militare di Hamas, da parte dell'aviazione militare israeliana, terminò il 21 novembre. Una settimana di bombardamenti e combattimenti nei posti che ricorrono sempre e che ricorreranno ancora: Jabalya, Beit Lahia, ma allora anche Deir el-Balah, dove viveva Jumana, e Khan Yunis, più a sud. Nomi oggi noti a chi ha seguito la guerra a Gaza, ma che allora conoscevano in pochi. Il bilancio finale fu di 171 morti palestinesi e sei israeliani.

Ma non è finita, perché quando Jumana aveva diciannove anni, nel 2014, Israele lanciò l'operazione Margine di protezione, che dopo un mese e mezzo di combattimenti e soprattutto di bombardamenti vide 2125 morti palestinesi, di cui 1617 civili, e 72 israeliani, di cui sei civili. Un bilancio pesante anche per le infrastrutture, tutte devastate, tutte distrutte dai missili.

I luoghi delle battaglie sono sempre gli stessi ma allora si aggiunse Shijaya, che fu completamente rasa al suolo.

Tre guerre in diciannove anni, l'odore del sangue e della morte che diventano familiari fin dall'infanzia, così come il rumore delle bombe e il terrore che si portano dietro. Chiunque avrebbe bisogno di anni di psicoterapia, ma a differenza del resto del mondo, per i gazawi la vita sotto assedio è la normalità, alla quale probabilmente non si abitueranno mai, ma è pur sempre la loro normalità. Per questo Jumana mi dice che la sua vita, nonostante tutto, fosse serena prima del 7 ottobre.

C'è una parte di noi che si adatta al contesto e trova la bellezza, la normalità, anche nelle circostanze più avverse. La felicità era arrivata al termine dell'operazione del 2021, quando Hamas aveva lanciato una serie di razzi in risposta alla repressione della polizia israeliana nei confronti delle manifestazioni palestinesi a Gerusalemme, che chiedevano di poter pregare nella moschea di al-Aqsa, terzo luogo sacro dell'islam, e di avere accesso alla

Spianata delle moschee durante il periodo di Ramadan. La Spianata delle moschee è un luogo conteso dagli ebrei perché si affaccia sul Muro del Pianto, luogo sacro di preghiera degli ebrei.

Poi per due anni Hamas tenne un basso profilo, facendo quasi dimenticare la questione di Gaza, che passò in secondo piano rispetto a quanto avveniva a Jenin, Nablus e Tulkarem, in Cisgiordania. La resistenza del Nord. Da Gaza raramente partivano razzi, e quando accadeva era a opera del partito della Jihad islamica. Hamas non prendeva iniziative e in generale tutto sembrava sopito, quasi un segnale di resa a causa del lungo assedio. In Cisgiordania invece aumentavano le colonie e i raid, si alzava il livello dello scontro e proprio nelle città del Nord raggiungeva il suo apice. Gli occhi erano lì, puntati sul campo profughi di Jenin, su quello di Tulkarem o di Nablus, i soldati erano quasi tutti in quella zona. Gaza, appunto, sembrava passata in secondo piano. Perciò gli ultimi due anni sono stati i più belli della vita di Jumana: quando la storia si intreccia con le storie, quando un luogo sotto assedio vive una calma illusoria, quella prima della tempesta. Non è un caso che l'operazione di Hamas si chiami al-Aqsa Storm, «la tempesta di al-Aqsa», dal nome della moschea di Gerusalemme. Quella tempesta però non si è abbattuta solo su Israele, sui militari e i kibbutz, ma anche sulla popolazione di Gaza, su Jumana e sugli altri due milioni di persone che la abitano.

«Sapevamo che avrebbero bombardato ovunque, sapevamo che la presenza di ostaggi nella Striscia avrebbe rappresentato un'aggravante, che avrebbero bombardato a tappeto se si fosse trattato di militari in possesso di segreti di Stato» mi racconta Jumana che nella nostra lunga chiacchierata inizia a ripercorrere il suo dramma e quello della sua famiglia, durato sei mesi, i più lunghi della sua vita.

La paura di bombardamenti a tappeto in caso di rapimento di soldati israeliani è molto diffusa tra i gazawi, perché dal 1986 al 2016 è stata in vigore la direttiva Annibale, che prevedeva bombardamenti a tappeto in caso di rapimento di militari, soprattutto di alto grado, per evitare che potessero rivelare segreti o per escludere trattative per la loro liberazione, che avrebbe comportato in cambio la liberazione di migliaia di prigionieri palestinesi. L'ultimo grande scambio risale al 2011, quando per il carrista dell'IDF (Forze di difesa israeliane), Gilad Shalit, rapito nel 2006 a Kerem Shalom, durante un'incursione in territorio israeliano delle Brigate al-Qassam, braccio militare di Hamas, furono liberati più di mille prigionieri palestinesi, tra questi Yahya Sinwar, capo politico di Hamas a Gaza e mente degli attacchi del 7 ottobre 2023.

La direttiva Annibale, al fine di evitare altri scambi come questi, è stata abolita nel 2016, ma non si conoscono le procedure che l'hanno sostituita.

«Non ci siamo mossi da casa nostra, nella città di Gaza, fin quando non ci hanno mandato via. Al Nord era impossibile andare perché stavano entrando con i carri armati, al centro e al Sud bombardavano, così come in città. Non aveva senso muoversi, potevamo morire da un momento all'altro, e tanto valeva che succedesse a casa nostra» racconta Jumana con una calma e una lucidità irreali.

Un po' la conosco, abbiamo condiviso lavoro e tempo libero. Sono passati dieci anni dal nostro incontro, nel 2014, quando per la prima volta andai a Gaza per tenere un corso all'Università Al-Aqsa. Lei era una giovanissima studentessa universitaria amica di Sarah, una ragazza che frequentava il Centro Vik, intitolato a Vittorio Arrigoni e luogo di snodo della cooperazione italiana. Ci siamo conosciuti in quella circostanza, tra cene a casa di amici e caffè al porto, ma il rapporto si è consolidato quattro anni dopo, nel corso di un progetto con dei pugili italiani nei campi profughi di Gaza, in cui organizzavamo allenamenti con bambini e bambine, ragazzi e ragazze. Jumana è una sportiva, allora era la capitana di una squadra di softball, e non si lasciò scappare l'occasione di seguirci. Così diventammo amici; so che è una persona forte, ma credo anche che sia difficile, dopo mesi passati in quell'inferno, restare lucidi. Per questo prima di fare l'intervista ci siamo scritti, ci siamo mandati lunghi audio nei quali io le chiedevo se fosse sicura, se non avesse problemi a ripercorrere il dramma che aveva vissuto. Un dramma che Jumana custodisce dentro di sé come se fosse una statua dalla quale non trapela nulla. «Ci hanno bombardato casa, l'hanno distrutta e, pensa che sfortuna, avevo lasciato dentro il mio passaporto. L'avevo tolto dalla borsa che tengo sempre pronta perché mi serviva per richiedere un visto di studio per l'estero pochi giorni prima del 7 ottobre e dopo l'attacco me ne sono proprio dimenticata, avevo la testa altrove, pensavo solo a mia figlia.» È molto lucida anche quando mi racconta del primo rifugio in cui sono stati: una scuola dove «non c'era posto nemmeno per sedersi a terra» e lei e suo marito Shaban hanno passato la notte in piedi, con Sofia, la figlia, in braccio. La mattina dopo hanno deciso di lasciare quel luogo, più simile a una trappola per topi, come le altre scuole bombardate da Israele nei mesi di guerra, di solito «per errore».

Con la casa in una zona sotto il controllo israeliano e la scuola troppo pericolosa, hanno scelto di spostarsi più a sud, a Deir el-Balah, una cittadina caotica nata come campo profughi nel 1948 e suo malgrado tornata alle origini settantasei anni dopo, per accogliere i nuovi profughi che stavolta non arrivano da Jaffa o Ashkelon, ma proprio da Gaza.

Sotto la voce di Jumana sento quella di altre donne, devono essere la suocera e le sorelle di Shaban, che forse in questo momento sono con Sofia per consentire alla mamma di parlare con me. «Non si stacca mai, l'altro giorno l'ho portata in un parco dove c'è una zona solo per i bambini, ma si è messa a piangere, così come quando siamo arrivati qui: a ogni aereo che passava vicino a casa nostra si tappava le orecchie e si metteva a piangere.»

Sofia, mentre facciamo questa chiacchierata, ha due anni e mezzo, esattamente sei mesi in meno di mio figlio, ma la differenza tra lei e Lorenzo è abissale: lei ha vissuto sei mesi della sua vita sotto il peggior attacco che la Palestina abbia mai subito, due anni e mezzo di vita di cui sei mesi da sfollata con le bombe che ti piovono accanto. Sofia e gli altri bambini di Gaza saranno il lascito di questa guerra fatta di odio che alimenta odio. Eppure Jumana continua a essere lucida e serena, le sue parole sono prive di sfumature e incertezze, mi racconta di quando ha iniziato a collaborare con una ONG italiana per il supporto medico e con una cucina mobile. La base era proprio a Deir el-Balah, e Jumana, profuga tra i profughi, non si è fermata e si è messa a disposizione degli altri. Di quei giorni ricordo tutto, ci sentivamo quasi quotidianamente perché lei mi mandava lunghi vocali per il mio podcast *Racconti da Gaza*. Una sera, mentre ci stavamo scrivendo, all'improvviso aveva smesso di rispondere. Dopo dieci minuti mi arrivò un vocale, la voce era spezzata, le urla forti in sottofondo: una bomba era caduta accanto alla loro «casa» distruggendo un muro e uccidendo delle persone a pochi metri di distanza.

A un certo punto il pianto arriva e ne sono felice. Stiamo parlando da 42 minuti e 25 secondi e solo ora la voce di Jumana si spezza, mentre mi racconta prima l'ansia provata durante l'attraversamento del valico di Rafah, la paura che, una volta passate lei e Sofia, Shaban potesse restare indietro, imprigionato dentro l'inferno degli ultimi sei mesi. La paura che i tantissimi soldi raccolti grazie alla solidarietà delle persone non bastassero per scappare da quell'incubo.

«Abbiamo bevuto acqua pulita, non ricordavamo più il suo sapore, non ricordavamo che potesse essere inodore. Valerio… mi sono sentita di nuovo una persona.» Questo è il momento di svolta nella sua storia, quello in cui è tornata a essere una persona dopo essere scivolata, giorno dopo giorno, in mano ai demoni della guerra, della fame e della sete.

I singhiozzi sovrastano le parole, mi chiede scusa più volte, come se ci fosse qualcosa di cui scusarsi nel riappropriarsi della propria umanità, nel lasciare i demoni al valico di Rafah. Piango anch'io, mi sento in colpa per il mio privilegio, ascoltare la voce di mio figlio che gioca in camera sua, una stanza di dodici metri quadri in cui può sentirsi al sicuro nel suo piccolo mondo, se da un lato mi tranquillizza, dall'altro non può non farmi pensare con amarezza che a tutti i bambini dovrebbe essere garantita questa spensieratezza, e invece non è così.

«Sofia ha mangiato le patatine in busta, non l'ho mai vista così felice. Tu lo sai che sapore hanno le patatine? Per noi sono buonissime, lo sono da quel giorno» mi dice ancora piangendo.

La vita nuova per Jumana non è semplice, in un certo senso è come se si fosse fermata in una sala d'aspetto dove ci sono due porte che potrebbero aprirsi: quella che la riporterebbe a casa sua, seppur trasformata in macerie, e quella che la porterebbe in Canada o in Europa.

«Vorrei tornare, vorrei aiutare. Il mio cuore è a Gaza» mi dice dopo aver quasi del tutto riacquistato l'imperturbabilità dei primi quarantadue minuti. Eppure le emozioni adesso sono più evidenti, la maschera è caduta e rimetterla è difficile, qualche crepa resta e da una di queste riesco a vedere per quale delle due porte propende Jumana, quella della fuga per il futuro di Sofia, in un posto dove non sia normale tapparsi le orecchie e piangere quando passa un aereo, dove sua figlia possa giocare in un parco senza paura che la sua mamma muoia a pochi metri da lei, sotto una bomba.

«Ci vediamo in Italia, che dici? Magari vi fate una vacanza. Lorenzo ha un letto per gli amichetti, dice che vorrebbe farci dormire Sofia...»

«Sì, penso che verremo, intanto stiamo anche cercando lavoro in Italia.»

Ci congediamo così, in una sala d'aspetto immaginaria, in attesa che la vita torni del tutto.

Parte prima

C'era una volta Gaza

(2014-2018)

1

Welcome to Gaza
(2014)

Checkpoint

Un grande hangar grigio chiaro vetrato, simile all'aeroporto di una piccola città europea, circondato da muri e reti. Telecamere ovunque e un ampio parcheggio antistante, vuoto. Nella mia testa Erez, il valico di passaggio tra Israele e la Striscia di Gaza, non era così. Non avevo idea onestamente di come potesse essere, ma di sicuro non così. Quando scelsi di andare a Gaza la prima volta avevo provato a immaginarla, cercando foto su internet, riprendendo vecchi libri già letti. Ma quando giunsi sul posto, Erez mi spiazzò. Tutto era ordinato e pulito, l'atmosfera tesa come se dovesse succedere qualcosa da un momento all'altro. Arrivai con una «carovana», un gruppo di circa quaranta persone partite dall'Italia per partecipare a un festival di formazione a Gaza in diversi ambiti, tra cui foto e videogiornalismo, di cui mi sarei occupato anch'io. Ma c'erano anche parkouristi, circensi e tanto altro. Erano anni che Israele non rilasciava i permessi per questo tipo di carovane il cui intento, si sa, non è solo formativo ma anche politico: rompere l'assedio, aggirare il muro dentro il quale due milioni di abitanti vivono in pochi chilometri quadrati.

L'idea della carovana era venuta a Meri Calvelli, una cooperante della ONG ACS (Associazione di cooperazione e solidarietà in Palestina), che da anni faceva la spola tra Gaza e l'Italia, con una predilezione più per la prima che per la seconda. L'entusiasmo di Meri era travolgente, contagioso, tanto da rendere possibili operazioni difficili come quella.

«C'è una carovana che parte per Gaza, ci stai?» Una domanda semplice ma che aveva il potere di cambiare per sempre la vita di una persona, e Meri lo sapeva. Conosceva bene Gaza ed era consapevole che non avrebbe potuto lasciare indifferente nessuno.

Io desideravo andare in Palestina da tempo, era un luogo che mi affascinava, difficile da comprendere fino in fondo. Inoltre, Gaza da anni ormai era inavvicinabile, l'assedio totale. Il fascino derivava anche da questo: era un posto di cui tutti sentivamo parlare ma che la quasi totalità della popolazione mondiale non poteva visitare. Perciò non avrei potuto rispondere altro che «sì» alla domanda di Meri.

Partimmo il 27 dicembre 2014 per Gerusalemme e arrivammo a Gaza il giorno successivo. Erano passati pochi mesi da Margine di protezione, l'operazione militare israeliana nella Striscia dell'estate del 2014, che ne aveva distrutta una parte. In quel momento Gaza sembrava sigillata, pochi riuscivano a entrare, quasi nessuno a uscire. Era la punizione di Israele per i civili palestinesi, che non avevano nemmeno gli strumenti necessari a togliere le macerie delle loro case per poterle ricostruire.

Capimmo subito che le carovane non erano ben viste. Il primo step per entrare nell'hangar era una sbarra presidiata, per passarla bisognava mostrare i documenti, cosa che facemmo, naturalmente, ma subito dopo il poliziotto sparì dentro la guardiola e per oltre un'ora e mezzo non ci diede notizie. Rimase lì fermo, a osservarci da dietro il vetro oscurato senza battere ciglio. Evidentemente non era arrivato l'okay per farci passare o avevano deciso di tenerci sulle spine di proposito. Eravamo stati avvertiti di questa eventualità da Meri Calvelli, durante una riunione tenutasi a Gerusalemme Est, poco dopo il risveglio. Così restammo sotto il sole caldo, fiduciosi che prima o poi ci avrebbero fatto passare, anche perché mancavano diverse ore prima che il checkpoint chiudesse.

Attorno a noi c'erano solo cemento, reti e l'insistente cinguettio di uccellini che non riuscivamo a capire da dove provenisse. Vedemmo sfilare le poche persone cui fu concesso di passare Erez: due in uscita e tre in entrata. Poi arrivò un uomo che si mise in coda insieme a noi. Era piuttosto anziano, e con difficoltà trascinava tre grosse valigie. Gli lasciammo l'unico spazio all'ombra che c'era su un muretto per sedersi, e ci disse che aveva accompagnato la figlia ad Amman in ospedale per un intervento, e che aveva dovuto lasciarla perché quel giorno gli scadeva il permesso che Israele gli aveva concesso per uscire dalla Striscia. «Mia moglie è rimasta con lei, le hanno prolungato il permesso, ma da sole non potevano portare tutte queste valigie, così ho lasciato loro lo stretto necessario e al resto ho pensato io.» Aggiunse che nei giorni successivi avrebbe tentato di ottenere un altro visto, pur sapendo di avere poche possibilità. La figlia di ventidue anni aveva un problema congenito al cuore e la riabilitazione sarebbe stata lunga, perciò sperava di riuscire a tornare da loro prima che fosse finita.

«Mi spaventa il pensiero che facciano il viaggio da sole, per noi il passaggio dei checkpoint israeliani non è un momento facile, spesso ci umiliano e vorrei esserci anch'io» concluse mentre il sole cominciava a fare capolino sul punto in cui era seduto.

Dopo circa mezz'ora un militare comunicò all'uomo che poteva passare la sbarra. Iniziammo a preoccuparci: se questo era solo il primo step rischiavamo che chiudessero il checkpoint prima di aver ottenuto tutti i permessi. Meri Calvelli, irritata, chiamò l'ufficiale dell'esercito responsabile del checkpoint, che le aveva garantito il nostro passaggio, protestò un po' in arabo e un po' in inglese e alla fine riuscì a spuntarla.

Tutti dentro.

Man mano che mi avvicinavo all'ingresso notai che il cinguettio degli uccellini aumentava, finché realizzai che proveniva dagli altoparlanti fissati lungo il percorso. Un brivido mi percorse la schiena, sembrava di essere in *The Truman Show* e non alla frontiera di un luogo sotto assedio.

Il checkpoint di Erez mi apparve come un luogo finto, distopico. Spazi grandi, poche persone, tutto nuovo, pulito, impeccabile, telecamere ovunque e quell'inquietante cinguettio di uccelli metallico che proveniva dagli altoparlanti. Provai una intensa, sgradevole, sensazione di vuoto.

Nel tempo necessario ai controlli di tutti e quaranta i componenti della carovana, dentro quel grande hangar vidi solamente quattro persone: la prima era un giovanissimo militare dai tratti etiopi con un M16 in spalla e lo sguardo severo, pensai che il suo fucile doveva avere più munizioni della sua età, il che non mi fece stare tranquillo. Sotto il suo sguardo indagatore scorrevano i nostri bagagli disfatti prima di sparire nel macchinario di controllo, lo stesso che si trova in aeroporto. Ogni pezzo veniva esaminato singolarmente, soprattutto il materiale elettronico, ognuno di noi impiegava circa dieci minuti a disfare e rifare lo zaino. Intanto le lancette scorrevano insieme alla paura di non riuscire a entrare.

Le altre persone presenti nell'hangar erano due soldatesse, che controllavano i documenti e le lettere d'invito della ONG che aveva organizzato la carovana, e un ufficiale che supervisionava oltre i gabbiotti, ponendo a tutti le stesse domande: dove vai, chi ti ha invitato, cosa sei venuto a fare a Gaza, quanto ti fermi eccetera. Nonostante sapessero benissimo chi eravamo e cosa avremmo fatto a Gaza: i documenti erano arrivati con diverse settimane di anticipo, così come l'elenco delle attività che avremmo svolto. Israele controlla tutto quello che passa per Erez e quindi anche le persone che arrivano con progetti di cooperazione. Ma evidentemente non bastava.

Per ottenere il timbro sul passaporto passammo allo step successivo: un colloquio individuale a porte chiuse. Quando toccò a me la situazione si complicò: gli altri avevano un visto per una settimana soltanto, mentre io per un mese, cosa che insospettì la soldatessa.

«Perché un mese?»

«Vorrei seguire i progetti fotografici anche dopo il corso» mentii cercando di essere convincente. La verità era che non sarei potuto entrare come giornalista perché avrei avuto bisogno di visti diversi che Israele rilascia ancora più difficilmente.

«E perché solo tu resti così tanto?» m'incalzò.

«Siamo in tre in realtà, gli altri sono passati nell'altra fila» dissi.

A quel punto la soldatessa mi lasciò in attesa per andare a confrontarsi con la collega e il suo superiore. Trascorsero diversi minuti e, quando finalmente tornò, si limitò a restituirmi il passaporto, senza dirmi una parola. Non capendo se fosse un buon segno oppure no, mi misi a sfogliare il documento in cerca del timbro, lei si spazientì, sbuffò e alla fine mi urlò: «*Go!*» indicando la porta che dava accesso al prossimo step, quello ancora sconosciuto. Mi avviai a passo svelto per paura che ci ripensasse, varcai la soglia e mi ritrovai in uno spazio ancora più vuoto, dove c'erano alcuni di quelli che avevano passato il controllo passaporti prima di me. Era un luogo buio, con qualche fessura in alto da cui trapelava la luce e, lungo il muro alle nostre spalle, sopra la porta che avevo appena attraversato, c'era un ballatoio da cui si accedeva agli uffici che affacciavano sulla zona del controllo passaporti. Il ballatoio era presidiato da due militari con i fucili a tracolla che facevano avanti e indietro, controllando i nostri movimenti, sembrava una scena di un carcere di massima sicurezza. Di tanto in tanto i militari aprivano il passaggio che dà accesso al muro di cinta attorno a Gaza, e potei vedere che alcuni del nostro gruppo erano già oltre. Dopo un po' partì la sirena che annunciava l'apertura della porta automatica e anch'io, insieme ad altri quattro, potei finalmente passare. Mi ritrovai davanti al muro, attraversai un passaggio di rete metallica fino ai tornelli, dove feci fatica a far passare lo zaino.

Passato il muro, cominciai a percorrere quello che viene chiamato il tunnel: un lungo corridoio fatto di rete metallica lungo circa un chilometro che attraversa tutta la *buffer zone*, la zona cuscinetto che Israele impone a Gaza. Nessuno la può utilizzare, altrimenti dalle torrette circostanti sparano. Camminai in silenzio, prendendomi del tempo per metabolizzare il fatto di essere finalmente dentro Gaza e soprattutto la sgradevole sensazione di trovarmi davvero dentro una gabbia lunga un chilometro, controllato a vista dai militari israeliani dalle torrette sul muro. L'idea che c'è dietro questa struttura agghiacciante è quella del controllo degli accessi: se costruisci un lager che ha una sola via d'accesso e d'uscita, con un imbuto lungo un chilometro per quell'unico accesso, hai il controllo totale del territorio. Una massa di persone non potrà mai avvicinarsi senza essere intercettata e uccisa dai militari sulle torrette. Questa è Gaza, questo è l'assedio.

Alla fine del tunnel vidi delle panchine e i gabbiotti dell'ANP, l'Autorità nazionale palestinese, che non controllava la Striscia ma aveva ancora il controllo della frontiera. Il tempo di un timbro e passammo tutti. Percorremmo ancora qualche centinaia di metri sulla sabbia del vasto territorio desertico fino all'ultimo controllo, quello di Hamas, interessata solo a sapere se avessimo con noi alcol o psicofarmaci, entrambi vietati dal governo. Dopodiché attraversammo un grande cancello di metallo, al di là del quale trovammo ad accoglierci un centinaio di persone che erano lì per manifestare e chiedere la fine dell'assedio. «*Welcome to Gaza*» ci urlò un ragazzo.

Salutammo e proseguimmo verso sud.

L'università

Il primo giorno di lezione all'Università Al-Aqsa di Gaza realizzai subito che lì la classe mista era una cosa rivoluzionaria, o almeno lo era per la generazione che riempiva la mia aula. Novanta ragazze e ragazzi affollavano una stanza che avrebbe dovuto contenerne poco più della metà, giovani che studiavano Giornalismo e Comunicazione nelle diverse università di Gaza, non solo all'Al-Aqsa, dove mi trovavo per un workshop intensivo di una settimana.

Eravamo sei docenti in tutto e dopo una breve presentazione del progetto dividemmo la classe in due gruppi: chi era interessato al video e chi alla fotografia, alternandoci nell'insegnamento in modo da tenere viva l'attenzione.

«Cos'è secondo voi Gaza?» chiesi a bruciapelo.

Ci fu un momento di silenzio, poi a poco a poco i ragazzi e le ragazze ruppero il ghiaccio ed emerse un racconto impensabile, oltre il muro che avevamo passato il giorno precedente, che mi sento di sintetizzare in una parola: vita.

Mercati, porto, famiglia, amici. Gaza per loro era un luogo vitale, nonostante la morte fosse un fattore quotidiano con il quale fare i conti. La stessa università in cui ci trovavamo ne era la prova, quell'aula con novanta ragazze e ragazzi smontava completamente il racconto di un posto di terroristi dove si pensa solo alla morte e dove le donne sono sottomesse. In classe più della metà erano ragazze ed erano anche le più attive nel descrivere cosa rappresentasse per loro Gaza: la loro terra, non un luogo di oppressione. L'assedio, sì, quello fu spesso nominato, ma come uno sfondo e mai come il protagonista.

Per spiegare come impostare un reportage mostrai alla classe i miei lavori, in particolare le foto delle comunità zapatiste del Chiapas, in Messico, dove ero stato esattamente un anno prima. Le persone ritratte indossavano tutte il passamontagna: l'anonimato scelto dall'esercito zapatista rappresenta quello delle popolazioni maya, dalla colonizzazione spagnola in poi. Cinquecento anni senza diritti, ignorati e costretti a vivere in miseria sulle montagne. E lì non c'era un muro fisico come quello che circondava noi in quel momento, spiegai, ma culturale. A cominciare dalla lingua spagnola, che pochi di loro conoscevano, per finire con l'istruzione spesso negata perché troppo isolati dalla scuola più vicina. Ma questo non si vedeva dalle foto, quello che invece si vedeva bene e che creò immediatamente discussione furono i passamontagna: delle voci in arabo iniziarono ad alzarsi, sentii che qualcosa aveva alterato il clima di serenità, ma non capii subito cosa fosse. Sami, il mio fixer, mi traduceva pezzi di discussione ma erano così tante le voci che feci fatica a seguire.

«Sono combattenti?» mi chiese una ragazza in inglese. Tornò il silenzio, gli sguardi tutti puntati su di me in attesa di conoscere la risposta.

La ragazza era Jumana. Tra le più attente della classe e molto partecipativa, aveva colto subito il punto, facendo la domanda che molti avrebbero voluto fare. In aula c'era scompiglio, a causa del gap culturale, della distanza iconografica siderale tra loro e gli zapatisti. Li aveva turbati soprattutto vedere i bambini con il passamontagna, nel loro immaginario infatti sono i miliziani a utilizzarlo, e quindi non gli tornava l'idea che lo indossassero anche i bambini e le bambine. La sintetica spiegazione che gli avevo dato non era bastata a far capire l'essenza di quella battaglia, per paura di rubare tempo all'aspetto tecnico, avevo omesso molti dettagli che però erano fondamentali per capire quel reportage.

La lezione servì a me: il fotogiornalismo è la tecnica al servizio del racconto, quindi sempre meglio concentrarsi sulla storia e solo dopo sulla tecnica.

Così raccontai meglio chi erano i componenti dell'EZLN, del subcomandante Marcos, e di come e perché avevano scelto di nascondere il volto per essere visti, per essere un volto solo, il volto di una popolazione intera che dice: «Ora basta!».

La spiegazione funzionò, in classe tornò la calma e potemmo proseguire.

Alcuni scalpitavano per fare cose più approfondite, erano quelli che avevano maggiori conoscenze, che già lavoravano nelle agenzie giornalistiche o da freelance. Possedevano ottime conoscenze tecniche ma volevano approfondire l'aspetto narrativo. Ma avevo davanti una classe eterogenea e non potevo permettermi di saltare dei passaggi, per forza di cose chi era più avanti era costretto a ripetere cose che già sapeva. L'attenzione fisiologicamente calò a un certo punto, ma poi un imprevisto la catturò di nuovo: stavamo usando un proiettore puntato troppo in alto e mentre spiegavo il bilanciamento dei pesi nell'inquadratura, quindi la disposizione dei soggetti nella foto, in piedi su di una sedia, gesticolando e allungandomi troppo per arrivare con le mani sui punti che mi interessavano, persi l'equilibrio e caddi. Per fortuna non mi feci niente, ma la paura prima e il sollievo poi avevano magicamente ristabilito l'attenzione, che resse fino a mezzogiorno, quando un altro imprevisto causò un certo brusio in aula: stava succedendo qualcosa, ma tutti parlavano sottovoce e non capii nulla.

Sami mi disse che era l'ora della preghiera e che di solito le lezioni si fermavano. Così ne approfittammo per fare una pausa più lunga: preghiera, pranzo e caffè o tè, prima di rientrare e riprendere senza sosta fino alle quattro del pomeriggio.

Il workshop durò una settimana, otto ore al giorno, compreso il pranzo, molte se si pensa ai classici workshop che si fanno anche in Italia, ma poche se consideriamo che la gran parte di quei giovani non era mai uscita da Gaza e che la loro formazione si svolgeva per forza di cose solo lì, senza mai avere la possibilità di confrontarsi con qualcuno che venisse da fuori, che avesse una cultura e uno sguardo differenti.

Il pranzo si trasformò in un momento molto conviviale nel bar dell'università, era il giorno dei corsi dedicati alle ragazze e moltissime si muovevano intorno a noi con curiosità ma senza interagire. I ragazzi presenti erano visibilmente sovreccitati dalla situazione: di solito non gli era concesso mescolarsi alle ragazze, e questa opportunità li aveva resi spavaldi negli approcci, ma dopo aver collezionato una serie di due di picche, alla fine dovettero demordere e tornare a tavola con noi. Tutti sognavano di lavorare all'estero, di viaggiare, conoscere, sapere.

«Non facciamo altro che raccontare questo posto che è sempre uguale a se stesso» mi disse Fatimah, una bravissima fotografa che lavorava come freelance per un'agenzia internazionale, ma che aveva ancora voglia di imparare, per questo si era iscritta al nostro corso.

Con lei c'erano Rehaf, Jumana, Omar, Yaser e altri. Una tavolata piena di sogni e speranze, che guardava al futuro con ottimismo, nonostante l'assedio.

Tra loro mi colpì molto Rehaf, una ragazza molto talentuosa, che in aula non portava l'hijab ma che, quando scendemmo in cortile dove c'era molta più gente, se lo appoggiò appena sul capo, da metà testa in su. Prima di rientrare iniziò quello che sarebbe diventato un rito al quale fu difficile sottrarsi: il selfie-time. Per loro eravamo non solo i docenti ma la novità, ed erano tutti molto incuriositi da noi. In particolare il mio tatuaggio sul braccio attirò molta attenzione perché loro considerano *haram*, «peccato», i tatuaggi, e quindi non solo nessuno ne aveva, ma ne avevano visti pochissimi, soprattutto di così grandi.

Il pomeriggio scivolò via più tranquillo.

Dopo che ci fummo conosciuti meglio, tutto diventò più semplice.

Ci rivedemmo la mattina seguente, alle otto pronti in classe.

Il labirinto di Shati

Le case sembravano buttate lì a caso, come se, dall'alto, un gigante le avesse lanciate giù quasi fossero dadi, ritrovandosi poi, una volta giunte a terra, tutte attaccate, piatte, basse e senza un'idea di spazi collettivi. L'urbanistica per noi è qualcosa di assodato, scontato, tanto che spesso quando ci troviamo in una città straniera riusciamo a riconoscere in alcuni edifici la mano di architetti italiani. Il campo profughi di al-Shati invece sembrava spuntato dal nulla, e le sue stradine strette il risultato della disposizione casuale delle case. C'erano vicoli che finivano contro un muro, altri che pensavi ti conducessero da un punto A a un punto B, e invece ti ritrovavi al punto E, perdendoti tutto quello che c'era in mezzo.

Tutto grigio cemento – il cemento arrivava come aiuto umanitario per consentire alle persone di costruirsi una casa – questo storico campo profughi era sorto nel 1948 in seguito alla creazione dello Stato d'Israele e all'occupazione dei territori e delle case palestinesi da parte dei neoarrivati ebrei, e all'inizio ospitava ventitremila persone, ma in quel momento ipotizzai che ce ne fossero almeno il doppio, se non il triplo. In una di quelle case nacque e crebbe Ismail Haniyeh, leader più importante di Hamas e primo ministro dopo le elezioni del 2006. Tutto il campo è sempre stato considerato da Israele una roccaforte di Hamas, il cui sostegno passa soprattutto attraverso un welfare parallelo a quello governativo e a quello delle Nazioni Unite, attraverso l'agenzia delle Nazioni Unite UNRWA, dedicata esclusivamente al soccorso e all'occupazione dei profughi palestinesi.

Visitai il campo di Shati per la prima volta a Capodanno, il 1° gennaio 2015, un giorno doppiamente festivo perché per il calendario islamico corrisponde anche alla nascita del profeta Muhammad, per noi Maometto. La classe aveva deciso, dopo la pausa pranzo del giorno prima, di fare lì la lezione pratica del workshop di Fotogiornalismo. Il dibattito per la scelta del luogo era stato piuttosto acceso perché alcuni sostenevano che Shati fosse poco rappresentativo della Striscia e che quindi non avrebbe soddisfatto il nostro intento, quello di raccontare la vita quotidiana. Alla fine si decise per il seguente programma: mattina al campo di Shati e pomeriggio al porto, un luogo sicuramente più frequentato e, per usare una nostra espressione, più pop. Quella lunga discussione, molto utile per la costruzione del reportage, era stata interrotta a un certo punto da un colpo fortissimo che aveva rischiato di rompere i vetri delle finestre, se fossero state chiuse, cosa che per fortuna non avvenne. Io ero convinto si fosse trattato di un missile: in quei giorni, durante le lezioni, era capitato spesso di sentirli cadere lontano, un suono di sottofondo al quale non ci si abitua mai, ma al quale ci si fa l'orecchio. Questo è lontano, questo è più vicino, incominci a pensare dopo una mezza giornata in cui cadono senza sosta. Ma il botto che sentimmo in quel momento era diverso, soprattutto molto vicino. La lezione si era interrotta di colpo, non ero il solo a essersi spaventato.

«Sono gli aerei, lo fanno per ricordarci che siamo sotto assedio» mi disse Omar, un giovane e promettente fotografo. «Rompono la barriera del suono volando bassi, così non sprecano nemmeno i missili. Risparmiano...»

L'effetto intimidatorio aveva funzionato, almeno per me che era la prima volta che lo sentivo, ma a guardare il volto di alcuni studenti si capiva che aveva funzionato anche con loro.

Quando il confronto sui luoghi da visitare il giorno successivo terminò, fu stabilito che il campo di al-Shati sarebbe stata la nostra prima meta della giornata.

I vicoli brulicavano di donne e bambini e ovunque si sentivano i profumi di spezie e cibi buoni provenienti dalle cucine delle case. Alcuni ci invitarono a bere del tè, altri ci sorridevano, chiedendoci come mai fossimo lì.

Mentre giravamo notai che una studentessa del corso non aveva una macchina fotografica ma stava scattando foto con uno smartphone non di ultimissima generazione. Si chiamava Amal, una ragazza molto riservata, che nei giorni precedenti avevo visto sempre in compagnia di due amiche, sembravano inseparabili e pensai che probabilmente avevano scelto di proposito di frequentare insieme il corso. Indossavano vestiti buoni ma non nuovi, un velo multicolore e non particolarmente stretto: ormai avevo imparato a distinguere la classe sociale di appartenenza degli studenti e delle studentesse dai vestiti e dal colore dell'hijab, così come il grado di religiosità delle loro famiglie. Non un metodo infallibile, ma la gran parte delle volte si rivelò corretto.

Il mio corso riuniva studenti e studentesse di quattro università, tra cui anche quella islamica, e persone di diverse estrazioni sociali. Di solito quelli che sfoggiavano vestiti nuovissimi e alla moda tendevano a non mescolarsi con gli altri, soprattutto i maschi.

Amal e le sue amiche stavano camminando insieme anche in quel momento, ma mentre le altre due avevano delle reflex, lei si stava arrangiando con il suo telefono. Decisi allora di lasciarle la mia macchina fotografica, affinché potesse mettere in pratica gli insegnamenti dati in classe. Quando gliela porsi reagì imbarazzandosi, intuii che non sapeva se accettare o rifiutare la mia offerta, così la incoraggiai tenendomi a distanza, per non metterla in difficoltà con le amiche o con i passanti: qui i muri hanno mille occhi e orecchie e spesso sono quelli di Hamas.

D'altronde, l'organizzazione islamica era effettivamente radicata nel campo, vi risiedeva anche Jamila al Shanti, forse la donna più importante di Hamas, che aveva creato la cellula femminile del movimento, e che in quel momento era ministra delle Donne del governo della Striscia di Gaza. Proprio sul ruolo delle donne un giorno in classe si era scatenato un acceso dibattito. Mentre scorrevano al proiettore alcune foto che avevo realizzato in quei giorni, una ragazza mi aveva chiesto perché indugiassi così tanto sull'hijab indossato dalle donne (in alcuni casi avevo fotografato donne con il niqab, visto che si trattava di qualcosa di assolutamente normale per loro). Così avevo provato a spiegarle che da noi non era raro vedere l'hijab, ma che rappresentava ai nostri occhi la subalternità della donna nell'islam, stesso discorso valeva per il niqab, che in Europa si vedeva molto meno.

Le mie parole scoperchiarono il vaso di Pandora portando la classe a confrontarsi, anche con toni accesi, su questioni religiose ed etiche. Secondo Mona, la ragazza che mi aveva posto la domanda, l'hijab non rappresentava affatto un simbolo di sottomissione, perché le donne potevano scegliere liberamente se indossarlo o no. Alcuni ragazzi erano d'accordo con lei, mentre per altri la diffusione dell'hijab a Gaza rappresentava un passo indietro.

«Mia madre in passato non lo ha mai portato, era una donna libera come lo erano tutte le donne di Gaza» disse Sameh, un bravissimo fotografo proveniente da una famiglia che aveva sempre militato nel Fatah, il partito di Arafat.

Negli anni Settanta e Ottanta Gaza era la Beirut palestinese e Beirut era la Parigi del Medio Oriente. Pettinature afro, minigonne, musica, colori: Gaza era così e chi l'ha vissuta lo ricorda e lo racconta ai propri figli.

Rehaf mi spiegò che lei lo metteva solo quando sapeva che qualcuno avrebbe potuto romperle le scatole, soprattutto quando c'erano nei paraggi quelli di Hamas, ma che comunque non lo portava alla maniera di Mona: se lo metteva solo in modo da coprire metà testa, lasciando scoperta parte dei capelli, perché lei e la sua famiglia erano credenti, ma non integralisti.

Mona, invece, la prova che le donne sono libere la trovava nel fatto che lei, poco più che ventenne, era una militante di Hamas e ogni giovedì pomeriggio conduceva insieme ad altre ragazze una trasmissione alla radio dell'Università islamica, alla quale era iscritta. «Se non fossi libera non potrei farlo» mi disse con tono di sfida.

Quel dibattito, che sfociò nel caos, ci era servito a rispondere a due domande fondamentali per il lavoro che stavamo svolgendo: «Cosa fotografiamo?» e «Cos'è per noi la normalità?». Domande a cui Amal stava cercando probabilmente di dare una risposta mentre le offrivo la mia macchina fotografica. Alla fine accettò, prese la macchina e raggiunse subito le sue due amiche per fotografare insieme a loro. Ma fu allora che capii che dovevo rompere i gruppetti che si erano creati; cominciai da Amal e le sue amiche e a poco a poco divisi tutti gli altri: il lavoro del reporter è individuale, lo accompagna una solitudine che deve imparare a colmare con le storie che incontra. Se è già sazio, se gli spazi attorno a lui sono già pieni, non ci sarà posto per il suo racconto.

Mi perdetti più volte nel labirinto, Sami mi seguiva, altrimenti non avrei potuto parlare con gli abitanti, e quando persi completamente il senso dell'orientamento vidi una porticina socchiusa con un bimbo sull'uscio. Il bambino prima ci chiamò sorridendo e poi, mentre ci avvicinavamo, scappò. Io e Sami curiosammo dentro l'abitazione: c'era una sartoria in piena attività. Mi sorprese che fossero tutti uomini.

«In Palestina cucire è un lavoro da maschi» mi spiegò Sami.

Le macchine da cucire creavano una melodia industriale che faceva da accompagnamento alle parole dei sarti: «Lavoriamo anche nei giorni di festa, è un lavoro specializzato ma pagato poco, perciò non possiamo mai fermarci» mi disse uno di loro, un uomo sui quarant'anni con capelli e baffi nerissimi. Si chiamava Mohammed e aveva sempre vissuto nel campo, solo da giovane era stato due volte a Gerusalemme e una volta in Egitto, al Cairo. Mentre parlava non staccava gli occhi dall'ago della macchina da cucire, che passava con maestria sul tessuto su cui stava lavorando. «Il bambino che avete visto è mio figlio, ha dieci anni e già mi aiuta nei giorni di festa, fa le consegne dei vestiti finiti» mi raccontò Mohammed. La prospettiva del figlio era molto simile a quella del padre: sarto a basso costo nel campo con la sola differenza che lui non avrebbe potuto vedere né Gerusalemme né Il Cairo, perché stava crescendo sotto assedio.

Mohammed e i suoi colleghi si fermarono per una pausa e mi offrirono del tè, che in teoria non avrei dovuto bere perché, mi era stato riferito la sera prima, nel campo c'era un'unica fonte di acqua non sicura. Ma ormai ero lì e non potevo sottrarmi, se volevo continuare a sentire le loro storie.

Mentre il tè ci scaldava la gola e lo stomaco mi chiesero da dove venissi: nessuno di loro era mai stato in Europa ma, come Mohammed, alcuni conoscevano Gerusalemme e in passato erano riusciti a pregare nella moschea di al-Aqsa, terzo luogo sacro dell'islam nel mondo. La mia presenza nel campo li incuriosiva, in quel periodo di occidentali a Gaza se ne vedevano pochissimi, e ancora meno il 1° gennaio in un campo profughi considerato una roccaforte di Hamas.

La porta della sartoria era aperta e ben presto cominciarono ad affacciarsi alcuni curiosi, in poco tempo girò la voce che nel campo c'erano una classe di universitari e un occidentale. La nostra presenza si trasformò in un motivo di festa per gli abitanti, ci arrivarono altri inviti per il tè, che dovemmo rifiutare, alcuni generosamente ci aprirono la porta della propria casa per mostrarci le loro vite. Tra questi una donna militante di Hamas, come il resto della sua famiglia, che aveva iniziato da adolescente ad aiutare le persone del campo e ora era una delle responsabili delle donne di Shati. Non volle essere fotografata né che usassimo il suo vero nome nel caso la chiacchierata fosse stata resa pubblica, ma si raccontò con molta naturalezza.

«Qui siamo poveri, lo siamo sempre stati e continueremo a esserlo. Solo con la lotta politica c'è emancipazione» mi disse quando le chiesi di descrivermi il campo. Qualcosa non mi tornava, per me l'emancipazione passa attraverso i diritti sociali e civili mentre Hamas è un'organizzazione oscurantista che non ha nulla a che fare con i diritti, pensai. Hamas nasce per combattere Israele e l'occupazione della Palestina, si sviluppa in un contesto di tensione e da questo viene alimentata.

«Come ti emancipi con una militanza politica che ha alla base dei precetti religiosi?» domandai, provando a sintetizzare il mio pensiero.

La donna rifletté un attimo, il tempo che le serviva per ponderare le parole e sceglierle accuratamente. «Dall'occupazione si esce tutti insieme, come popolo. Hamas qui, soprattutto in questo campo, ci dà la possibilità di restare popolo, di essere uniti. Il nemico è più grande, la storia si è capovolta e noi siamo Davide mentre loro, gli ebrei, sono Golia. Per sconfiggerli non serve un eroe solitario ma un'organizzazione che ci guidi.»

In parte mi sembrarono parole prese dalla propaganda, ripetute come una cantilena. In parte però no, erano parole in cui la gente del posto credeva, e quegli istanti di silenzio prima di pronunciarle erano serviti a cercarle e a metterle in ordine.

Le vie del labirinto di Shati sembravano vive, era come se decidessero loro dove portarci. Così, dopo una serie di incontri fortuiti e di vagabondaggio per vicoli larghi meno di un metro, alcuni ragazzini, di non più di una decina di anni, ci invitarono a giocare a calcio in un campo dietro la moschea, in quello che noi definiremmo un oratorio.

«Sei italiano, gli italiani giocano bene a calcio... dai, vieni!» mi disse uno dei ragazzi già presenti sul campo. Per oltre un'ora la lezione di Fotografia fu sospesa per organizzare una squadra con i ragazzi della classe e me, un gruppo improvvisato che non aveva alcuna possibilità di vincere. Molti volevano giocare, pur ammettendo di non essere bravi. Dopo dieci minuti di discussione restammo in sette: cinque titolari e due riserve, ma nemmeno un portiere, che facemmo a turno. Partimmo malissimo, andando sotto di due gol in pochi minuti. Poi ci riprendemmo, provando a dare un'impostazione al gioco, e riuscimmo a pareggiare. Ma nonostante fino ai diciannove anni io avessi giocato da professionista e altri della mia squadra fossero bravi, alla fine perdemmo disastrosamente 6 a 3. L'organizzazione del gioco e della squadra rappresentarono tuttavia, per me e la mia classe, un valore aggiunto, un momento di scambio bello e di consolidamento del nostro rapporto, fatto attraverso lo sport e suggellato da una foto collettiva dopo la partita.

Salti e vita

Saltare è un atto di resistenza. L'ho scoperto a Gaza nei primi giorni del Festival della Carovana organizzato dal Centro Vik, durante il quale conobbi gli insegnanti di parkour italiani, Fabio e Davide, che erano arrivati con noi da Roma per tenere una serie di lezioni con i ragazzi gazawi appassionati di questa disciplina. Così dopo la mattinata trascorsa al campo al-Shati ci spostammo verso il porto e il lungomare di Gaza, dove prima mangiammo dei falafel comprati da un ambulante, poi riprendemmo la nostra lezione, unendoci al gruppo dei parkouristi. Il porto era il luogo dei pescatori, ma anche un punto di ritrovo, di riferimento di tutta la città, in cui andare a passeggiare nei giorni di festa, quando le casse di pesce lasciavano il posto alle bancarelle di caramelle, zucchero filato e spremute.

«Il porto è un posto che qui a Gaza amiamo molto, così come il lungomare, vengo qui spesso con la mia famiglia, lo faccio da quando ero bambina» mi disse Jumana mentre passeggiavamo.

A spingere le persone verso il mare, soprattutto nei giorni di festa, per respirare un po' di aria buona, come rampicanti che si allungano verso il sole, era il cemento che ricopriva la Striscia e l'altissima densità della popolazione. Ma quel giorno che la festa era doppia molti, compresi gli ambulanti, avevano preferito stare a casa a festeggiare, così potemmo avere tutto il porto per noi.

Anche alcuni ragazzi e ragazze della classe di Fotografia dopo la lezione del mattino erano tornati a casa per pranzare con le loro famiglie. Quelli che erano rimasti si divisero in piccoli gruppi, così come i parkouristi che iniziarono a cercare blocchi di cemento su cui saltare e arrampicarsi. Alcuni di loro optarono per la spiaggia e cominciarono a sfidarsi a suon di salti mortali, dando molti spunti alla mia classe, che si fermò a fotografarli.

Visto che Amal prima di andare via mi aveva restituito la macchina fotografica, ne approfittai per scattare qualche foto lungo la banchina, dove erano ormeggiati i piccoli pescherecci e dove c'erano i frangiflutti artificiali fatti da grandi blocchi di cemento. Completai quasi il giro, fino al punto in cui la banchina da un lato guardava la costa e il resto della città, e dall'altro chiudeva il porto per renderlo un luogo sicuro anche nei giorni di mare mosso. Appena sotto i blocchi di cemento c'era un muretto, e proprio alla fine della banchina ritrovai la grossa scritta: GAZA RESIST, che avevo scorto dall'ingresso del porto. Credo che la posizione strategica e le grandi dimensioni avessero il preciso scopo di renderla visibile sia a chi entrava nel porto sia ai pescatori che uscivano in mare. Alcuni parkouristi stavano utilizzando come trampolino per fare salti mortali i grandi blocchi di cemento sopra la scritta, l'effetto per le fotografie era bellissimo, riuscii a immortalare un ragazzo in volo a testa in giù, con le braccia aperte e le gambe leggermente divaricate, sospeso su quelle due indispensabili parole. Alcuni studenti, vedendo i salti in lontananza, nel giro di pochi minuti mi raggiunsero per fare la mia stessa foto. Le macchine fotografiche erano tutte puntate sui frangiflutti quando un altro parkourista, probabilmente geloso dell'attenzione che stava ricevendo il suo amico, ci urlò che si sarebbe buttato in acqua con una capriola. Alcuni obiettivi cambiarono subito direzione, altri invece rimasero sulla foto originaria. Il clima era più di festa che di lezione. L'idea alla base del festival era anche questa: creare situazioni insolite come l'avere classi miste, mettere in comunicazione i ragazzi parkouristi, che arrivavano perlopiù da campi profughi come Jabalya o Khan Yunis, con quelli molto più benestanti della città, o un momento spensierato al porto, come quello che stavamo vivendo allora.

Il pomeriggio trascorse veloce e con leggerezza. A fine giornata andai con un gruppo di studenti in una pasticceria a mangiare la *knafeh*, un dolce caldo a base di formaggio per il quale le città di Gaza e Nablus si contendono la primogenitura e la bontà. Sameh, che aveva viaggiato più degli altri, sosteneva che quello di Nablus fosse il migliore, Rehaf si disse d'accordo, mentre Sarah e Jumana affermavano che quello di Gaza fosse imbattibile.

Gli animi si accesero, ma per quanto mi riguardava, nella mia personale classifica vinceva la versione di Gaza per assenza di avversari. Promisi a Sameh e a Rehaf che avrei provato il prima possibile quello di Nablus.

La mattina successiva in classe il clima era diverso: erano tutti tesi perché delle tantissime foto scattate potevano portarne solo cinque a testa per comporre un racconto della giornata che rispettasse le diverse esigenze tecniche di composizione dell'immagine che avevamo studiato nei giorni precedenti. Temevano il giudizio, come se da noi dipendesse il loro futuro. Provai a rasserenare gli animi pur capendo che l'ansia da prestazione derivava dal fatto che per loro essere valutati da insegnanti stranieri rappresentava un'occasione unica, vivendo in un sistema chiuso in cui anche la formazione risentiva della mancanza di un confronto con l'esterno.

«Vogliamo apprendere il più possibile da voi, in questi giorni ci abbiamo provato, e, ora che sta per finire, siamo ansiosi di sapere cosa ne pensate del nostro lavoro...» mi disse Omar, un fotografo molto bravo che nel corso della settimana era sempre stato tra i più attenti a lezione. Lavorava già come freelance per un'agenzia, ma aspirava a collaborare con le grandi agenzie internazionali come Reuters e Associated Press. Iniziammo proprio dalle sue foto: molto belle, come previsto, rilevammo solo un problema nella composizione del racconto. Mancavano i campi larghi, quelli che narrano il contesto, cosa che avevo chiesto espressamente perché utile a dare l'idea di insieme. Lo scopo del corso non era solo quello di migliorare la parte tecnica delle fotografie ma di sviluppare la capacità di costruire una narrazione per immagini dall'interno della Striscia. La selezione delle foto doveva dunque tenere conto di entrambi questi aspetti: tecnica e narrazione. Notai che Omar si stava incupendo a causa delle mie osservazioni, così gli proposi di fare insieme una nuova selezione davanti a tutti perché ero certo che anche altri avessero commesso il suo stesso errore. È naturale scegliere le fotografie più belle da esibire, invece di quelle più utili al racconto. Così iniziammo a spulciare tra le sue foto e in breve riuscimmo, con tutta la classe, a creare una nuova composizione di immagini che raccontava perfettamente la giornata trascorsa tra al-Shati e il porto.

Il punto di vista di chi vede la guerra e l'assedio come contesto e non come notizia, era questa l'idea iniziale del corso: la narrazione dall'interno di un luogo noto solo per la guerra e come tale raccontato da fuori da chi non lo conosce. Invece la vita qui prende forme e direzioni diverse, spesso impreviste, come i fiori che emergono dal cemento, rompendo quello strato solido che vorrebbe imprigionarli e soffocarli, lo stesso di cui è fatto il muro attorno alla Striscia. Anche se il muro di Gaza non è fatto solo di cemento ma anche di pregiudizi e di una narrazione fuorviante.

Gaza era vita, lo era nonostante la guerra, nonostante l'assedio, nonostante non avesse acqua potabile nei rubinetti o energia elettrica la sera. La vita a Gaza era nei banchi di spezie al mercato, nei venditori ambulanti con le spremute, la frutta o i falafel. La vita passava anche attraverso i salti dei parkouristi o la voglia di formazione della classe che avevo davanti.

Se cresci sotto assedio con le bombe che piovono come acqua, perché studiare? Perché formarsi? La risposta sta proprio nella voglia di vita, di normalità, di spensieratezza dei giovani. Qui Hamas avrebbe perso le elezioni se soltanto fosse stato possibile rifarle. Il consenso che aveva ottenuto nel 2006 era svanito dietro la coltre di controllo capillare del territorio e delle persone, dietro la restrizione della libertà personale e, ovviamente, dietro il muro che Israele aveva costruito dopo la vittoria del movimento islamico. Gaza aveva voglia di vita, di libertà e questa, alla fine, in qualche modo tornava sempre.

Il Sud tra fiori e tunnel

La prima settimana a Gaza trascorse velocemente, il corso all'università era stato un momento bellissimo e i diversi inviti che ricevetti per pranzi e cene a casa degli studenti furono per me la prova che era piaciuto anche a loro.

Poi iniziò una fase completamente nuova, quella della scoperta della Striscia che mi portò fuori da Gaza City.

La carovana si trasferì per qualche giorno ancora in Cisgiordania, poi tornò in Italia, e chi restava aveva bisogno di una casa, l'hotel era scomodo, essendo fuori città, oltre che costoso. Trovai, insieme ad altri due fotografi della carovana, un alloggio in uno dei palazzi considerati sicuri – in teoria non avrebbero dovuto essere bombardati da Israele, essendo destinati agli internazionali – che aveva una portineria giorno e notte e che garantiva qualche ora al giorno in più di elettricità rispetto alle quattro previste per tutti, grazie a un generatore di corrente a benzina. Si trattava del Beirut Building, un edificio di tredici piani, di recente costruzione, a pochi passi dal mare e all'apparenza quasi completamente disabitato. Il primo impatto non fu dei migliori: eravamo in tre a condividere l'appartamento e il giorno dopo sarebbe arrivata una quarta persona: una professoressa universitaria di Storia dell'arte. Il portiere, con modi gentili e formali, ci disse che l'alloggio era all'ottavo piano e ci invitò a prendere l'ascensore. Prima però si diresse in fretta verso uno sgabuzzino, accese il generatore, e il gigante di cemento che sembrava dormire da tempo si risvegliò all'improvviso con luci e rumori. Poi l'uomo tornò da noi e con un mezzo inchino e un gesto del braccio ci invitò a entrare. L'ascensore accennò a partire ma si bloccò subito dopo, a metà tra il piano terra e il primo piano. Il gigante era tornato a dormire, anche le luci si spensero e noi restammo imprigionati nella sua pancia, bloccati tra due piani senza poter uscire. La cabina era piccola, l'ossigeno poco, ma il portiere ci rassicurò urlando: «Vado a comprare altra benzina e rimetto subito in moto tutto».

Poi il silenzio fu tombale, solo di tanto in tanto interrotto da un clacson proveniente dalla strada. A un certo punto fu spezzato da due rumori sordi che irruppero a pochi secondi di distanza l'uno dall'altro. Israele stava bombardando: il primo colpo arrivò da una certa distanza, ma il secondo era più vicino, tanto che il palazzo tremò. Mi assalì la paura di fare la fine del topo, intrappolato in un ascensore mentre qualcuno fuori stava lanciando bombe sui palazzi. Reagii irrazionalmente intonando una canzone, forse per provare a riempire quel vuoto che era diventato insostenibile. La cosa però innervosì Cristina, che mi disse che non le sembrava il momento di cantare, mentre Sergio cercava di stare tranquillo e mantenere la calma.

La situazione nella Striscia era tesa dal giorno precedente, c'erano già stati dei bombardamenti al Sud, li avevamo sentiti ma erano lontani, dalle notizie che arrivavano via radio avevamo appreso che alcune case erano state distrutte e che c'erano stati diversi morti. Su internet invece si trovava la versione israeliana: «Colpiti obiettivi di Hamas, erano postazioni di combattimento». Ci sono sempre due versioni differenti per quel che succede a

Gaza, quella dentro e quella fuori il muro: la prima fatica a uscire, forse la barriera è troppo alta anche per la verità, mentre l'altra diventa puntualmente la versione ufficiale, almeno da noi in Europa.

Il portiere tornò così agitato che capimmo poco di quello che ci disse in inglese, intuimmo però che non era riuscito a trovare la benzina e che avrebbe cercato di sbloccare l'ascensore manualmente. Salì al tredicesimo piano per girare il cavo dell'ascensore in modo da portarci al livello del primo piano e farci uscire. Trascorsero ancora una quarantina di minuti mentre le esplosioni continuavano al ritmo di una ogni due o tre minuti, per fortuna lontane da noi, quando finalmente riuscimmo a strisciare fuori dalla cabina da un'apertura di circa mezzo metro di altezza e a riprendere a respirare liberamente. La colpa non era stata del portiere, semmai del suo eccesso di zelo; era l'assedio a creare queste situazioni. Dalla fine dell'offensiva di terra la benzina e gli altri beni di prima necessità iniziarono a scarseggiare, da alcuni giorni il valico di Kerem Shalom era totalmente chiuso e quindi era impossibile riuscire ad avere della benzina per le attività private. L'assedio è così, lo sappiamo.

Da allora per salire e scendere dall'ottavo piano utilizzammo le scale, otto piani non erano poi così tanti, se il rischio era di finire intrappolati in ascensore durante un bombardamento. In compenso la casa era bellissima:

c'erano due salotti, entrambi grandi e molto ben arredati, uno dei quali affacciava sul lungomare offrendoci, grazie a una grande vetrata e all'altezza, una vista mozzafiato.

A ricordarci di essere sotto occupazione erano l'assenza di elettricità, una batteria per automobili alla quale era collegato un router per internet e una luce d'emergenza, ma soprattutto l'acqua del rubinetto che era acqua di mare, perché il dissalatore era stato bombardato durante l'ultima guerra e tutta l'acqua potabile nella Striscia era israeliana.

Vista da lì Gaza appariva più caotica, più città, e anche la presenza delle macerie contribuiva a svelarne l'anima.

Al Rashid, la strada che da Gaza City arriva fino a Rafah costeggiando il mare, passava proprio sotto casa nostra, era completamente sterrata in quel momento, ma si vedeva dai pezzi rimasti sui cigli e lungo gli incroci che prima dell'ultima offensiva era larga e cementata. Stavano cercando di ricostruirla, ma scarseggiavano troppi materiali indispensabili, in primis il cemento. Oltre alla strada sul lungomare, camminando mi accorsi che mancavano intere parti di città, a volte bastava svoltare un angolo per ritrovarsi davanti all'improvviso interi isolati trasformati in cumuli di macerie.

Erano passati ormai quattro mesi dalla fine dell'offensiva di terra israeliana, e dai bombardamenti aerei, eppure le case distrutte e le macerie erano ancora lì, sotto gli occhi di tutti, la gente sembrava averci fatto l'abitudine, ci passava davanti come se niente fosse. Capii che questo posto li aveva abituati a cose anche peggiori di questa e che un intero isolato raso al suolo per loro era la norma. Durante la settimana appena trascorsa avevo visto molti edifici distrutti, ma non dentro la città e non di questa portata, era qualcosa di nuovo che mi sorprese perché per quanto l'esperienza con l'università mi avesse permesso di immergermi in una parte importante della società civile di Gaza, si trattava comunque di uno spaccato privilegiato rispetto a tutto il contesto.

Percorrere la al-Rashid in macchina verso sud si rivelò quasi un'impresa. Se sotto casa, quindi in pieno centro città, era completamente sterrata, quindi tutto sommato regolare, dalla periferia sud in poi somigliava più a una groviera, non potevi percorrerla a più di trenta chilometri orari e non era mai lineare per più di cento metri. La strada non era solo danneggiata, mancavano proprio dei pezzi, che le esplosioni causate dai missili avevano scagliato chissà dove. Nonostante le difficoltà, il viaggio mi stava svelando una Gaza che non conoscevo e che sembrava un altro posto rispetto a quello in cui ero stato fino a quel momento: il lungomare selvaggio mi ricordò altre rive del Mare Nostrum, quelle calabresi, albanesi o greche. Per alcuni chilometri l'orizzonte fu sgombro da case e cemento e le sterpaglie sembravano foreste in quella distesa urbana in cui si era trasformata la Striscia nei decenni. Tanti anni prima, quando Gaza era un luogo libero, le donne giravano in minigonna e la religione era qualcosa che restava sullo sfondo, questo posto doveva essere stato perfetto per venire al mare e rilassarsi. So che sembra incredibile, ma cercando foto storiche di Gaza si trovano testimonianze degli anni Sessanta, Settanta e inizio anni Ottanta che immortalano giovani molto simili a quelli della contestazione studentesca europea, le ragazze portavano davvero la minigonna e avevano pettinature afro, i ragazzi indossavano i pantaloni a zampa.

Mentre allora davanti a noi c'erano due militari di Hamas che presidiavano la strada chiusa. «Da qui in poi la strada non è agibile» ci dissero deviando il nostro percorso verso est, dentro Deir el-Balah, dove facemmo una sosta.

«Qui cominciano i campi profughi, ci conviene fare un po' di scorte, ché non so se troveremo bar o ristoranti» suggerì Sami mentre scendevamo dalla macchina.

Prendemmo del cibo e del tè caldo.

Sami è di Khan Yunis, nel Sud della Striscia, città verso la quale ci stavamo dirigendo, ma solo per attraversarla e raggiungere i campi profughi e i piccoli villaggi più a est, verso il confine, dove l'esercito israeliano era entrato via terra bombardando e demolendo le case. La prima tappa fu Khuza'a, un piccolo villaggio all'interno, che proprio vicino al confine presenta una recinzione metallica, motivo per cui era stato facile per gli israeliani aprirla, entrare con i carri armati e uccidere i civili casa per casa. Notai che la prima fila di case era intatta o al massimo era visibile qualche foro di artiglieria, ma più ci addentravamo e più i segni della guerra conquistavano terreno: c'erano abitazioni a cui mancava una parete o un'intera porzione di volume, ma alla fine quelle completamente rase al suolo erano molte di più.

Di persone in giro ce n'erano poche, incontrammo un uomo di nome Shadi che ci accolse mentre faceva il pane insieme a sua moglie in un piccolo forno all'aperto. «Lo abbiamo costruito dopo la guerra, per avere almeno del pane da mangiare» mi disse estraendo dal forno alcune pagnotte cotte.

Il forno si trovava davanti a una casa distrutta, che immaginai fosse la loro. Una volta doveva aver avuto due o tre piani, ma ora c'erano solo il piano terra con il garage, la porta e le scale che portavano a quello che restava del primo livello: un pavimento spoglio delle mura.

«Hanno sparato da un drone» mi disse Shadi con un pezzo di missile in mano mentre osservavo la sua casa. La parte del missile inesplosa era quella posteriore, lunga circa mezzo metro. Un carro armato era arrivato a poche decine di metri da casa loro e con un altoparlante gli aveva intimato di andarsene ché dopo pochi minuti l'avrebbero abbattuta. E così in quei pochi minuti lui e la sua famiglia ebbero il tempo di radunare le cose essenziali in uno zaino a testa e fuggire.

Avrei voluto fotografare ciò che restava della sua casa, ma lui insisteva per portarmi di sopra, in quello che una volta era stato il primo piano e che ora era diventato una terrazza sull'orrore: da lì si vedeva Khuza'a completamente distrutta. Le case ancora intatte potei contarle sulle dita di una mano, mentre quelle rase al suolo era impossibile capire quante fossero prima perché le macerie formavano un magma di calcinacci indistinguibile. Dietro quell'orrore c'era una rete e oltre quella rete una valle verde: lì cominciava Israele, che, non potendo abitare quel territorio per ragioni di sicurezza, lo aveva trasformato in una cartolina. L'assedio era evidentemente una questione non solo fisica ma anche psicologica. La presenza di quel contrasto tra il verde di Israele e il grigio della Striscia sembrava parte di una strategia della sopraffazione, un altro modo per dire: «Noi siamo migliori».

Quando con lo sguardo tornai sulle macerie notai che su ogni cumulo c'era una bandiera palestinese, anche sulle case rimaste vagamente in piedi ce n'era una, sistemata nel punto più alto possibile.

«È un modo per fargli sapere che resistiamo» mi raccontò indicandole a una a una. «Ogni bandiera era una casa, una famiglia. Alcune sono morte ma altre no, e noi continuiamo. Appena mi arriverà il cemento ricostruirò la mia casa, non è la prima volta che la distruggono, ma io non smetterò mai di ricostruirla» aggiunse Shadi.

La resistenza psicologica all'occupazione psicologica.

Sua moglie Sarah intanto sfornava del pane, che ci offrì insieme all'immancabile tè, scusandosi di non poterci ospitare come avrebbe voluto.

«Non abbiamo potuto prendere nulla oltre agli zaini con qualche vestito. Quando l'esplosione arriva, il cuore ti va in mille pezzi insieme alla casa» mi disse versandomi il tè.

Il silenzio che seguì fu più eloquente di tanti discorsi. M'imbarazzava essere lì, in mezzo al nulla, seduto sui resti della casa di persone innocenti che nonostante non avessero niente mi stavano offrendo da mangiare e da bere. Ma per loro invece rappresentavo una boccata d'ossigeno: di internazionali nella Striscia se ne vedevano pochissimi, e io ero l'occasione per far conoscere la loro storia.

La consapevolezza dei gazawi è forte e strutturata: sanno che una parte consistente della comunità internazionale sostiene Israele, e quanto perciò sia importante far conoscere la loro disperazione, la loro rabbia.

Poco distante dall'accampamento di tende, a duecento metri dalla casa di Shadi, c'erano alcuni container adibiti a miniappartamenti. In uno di questi abitavano cinque persone: moglie, marito e tre figli, che Sami conosceva bene. L'uomo era affetto da una malattia genetica e stava aspettando da un anno i permessi per andare in

Giordania a curarsi. Non potendo fare sforzi, passava gran parte del suo tempo sdraiato su un materasso di gommapiuma in quella che adesso era la nuova casa di famiglia dopo che quella vecchia era stata bombardata. Anche loro ci offrirono il tè, che non potemmo rifiutare, e mentre chiacchieravamo sentimmo un rumore forte e sordo: *boom*. Trovandomi vicino a una delle finestre, d'istinto mi gettai a terra per evitare di essere colpito, ma Sami mi disse che l'Egitto aveva cominciato proprio quel giorno a demolire le case oltre il confine di Rafah.

Il governo egiziano aveva deciso di creare una sorta di zona cuscinetto allontanando le abitazioni di almeno cinquecento metri, in modo da rendere inutilizzabili i tunnel che partivano dall'interno delle case. Lo stavano facendo per due motivi, il primo era esclusivamente politico e riguardava la Fratellanza musulmana egiziana, ovvero il partito che aveva vinto le elezioni presidenziali del 2012, le uniche democratiche nella storia egiziana recente. Nel corso di quelle votazioni era stato eletto presidente della Repubblica araba d'Egitto Mohamed Morsi, il candidato dei Fratelli musulmani egiziani, destituito dall'attuale presidente al-Sisi con un colpo di Stato. Da quel momento i Fratelli musulmani erano stati dichiarati fuori legge e rappresentavano i principali nemici del regime di al-Sisi.

Hamas era l'espressione palestinese della Fratellanza musulmana, e i tunnel lo strumento di contatto tra le due organizzazioni.

La seconda ragione per chiudere i tunnel era anch'essa di natura politica, ma soprattutto diplomatica: la frontiera di Rafah era l'unico punto di contatto della Striscia con il resto del mondo che non fosse Israele. L'Egitto godeva di buoni rapporti diplomatici con lo Stato ebraico e gli accordi presi con quest'ultimo prevedevano di tenere chiuso quel valico, di aprirlo solo per pochi giorni al mese, ma attraverso i tunnel avveniva un continuo scambio di merci, in ingresso e in uscita, comprese le armi e tutto il necessario per la resistenza armata di Hamas.

Prima di andare a vedere i tunnel proseguimmo il nostro viaggio verso sud fermandoci un po' prima di Rafah, dove Sami voleva mostrarmi le serre che producevano garofani, una delle merci che più aveva risentito della chiusura dei tunnel sul lato egiziano. All'inizio credetti di aver capito male, ma poi Sami ripeté in italiano: «Garofani». Gaza non smetteva di stupirmi, l'idea che in una terra così altamente popolata, arida e grigia potesse essersi sviluppata un'intensa attività di coltivazione di fiori mi parve surreale.

Camminando tra le serre e incontrando i coltivatori scoprii che i garofani di Gaza erano considerati molto pregiati e che prima del 2006, quando la circolazione di merci e persone era più facile, venivano esportati in Israele, in Cisgiordania e venduti persino al mercato dei fiori di Amsterdam, uno dei più importanti al mondo.

Qui incontrai Ayoub, proprietario di molte serre in passato, ora gliene erano rimaste forse una manciata, tuttavia era ancora quello che ne aveva di più nella zona, essendo in tutto una decina.

«Usavamo i tunnel per avere un po' di mercato anche in Egitto. Certo, i costi erano alti ma riuscivamo comunque a venderli, oggi invece da questa prigione non esce più nulla» mi disse Ayoub mentre camminavamo dentro le serre tra fiori sbocciati e altri in procinto di farlo.

L'occupazione economica passava attraverso queste cose in una terra che un tempo produceva verdure, frutta e fiori ma che ormai era stata fagocitata dal cemento. Mentre la popolazione aumentava, il territorio rimaneva lo stesso, così le case si erano prima alzate di un piano e poi avevano iniziato a occupare i terreni che la crisi economica lasciava incolti.

Da quando il muro è stato costruito, la popolazione è cresciuta molto e probabilmente continuerà a crescere. Infatti, l'età media a Gaza è bassissima, di circa vent'anni. L'unica cosa che può arrestarla è la crisi economica.

Ayoub aveva undici dipendenti, ma quando lo conobbi io non ne aveva più nemmeno uno, faceva tutto lui insieme a suo fratello, così i pochi guadagni restavano in famiglia.

Le esplosioni intanto continuavano, una, molto forte, arrivò proprio mentre uscivamo dall'ultima serra. Ayoub mi portò sul punto più alto di una collina adiacente al suo terreno: il confine era a poche centinaia di metri, si vedevano bene la bandiera egiziana, la linea di separazione, le case oltre e una nuvola di polvere che si stava diradando, effetto dell'ultima esplosione che avevamo sentito. Osservai anche un polverone poco più a ovest, dove alcuni ragazzini stavano giocando a calcio in un campo improvvisato in mezzo a due palazzi, proprio attaccati al muro di confine. La vicinanza delle case alla recinzione sul lato egiziano mi sorprese, così Sami mi spiegò che una volta Rafah era una città unica e che la convivenza non era mai stata un problema prima che Israele decidesse di sigillare la Striscia: quando fu divisa in due e militarizzata, gli egiziani si adeguarono.

Costruire i tunnel era stato facile visto che bastavano poche decine di metri per andare da un lato all'altro del confine. Ma ora il piano di al-Sisi era quello di demolire il versante egiziano, raderlo al suolo e ricostruirlo più lontano di qualche centinaio di metri. I tunnel partivano dalle case e lo Stato non avrebbe risarcito chi aveva un ingresso all'interno della propria abitazione.

Il pomeriggio avanzava, la luce era bassa e la polvere sollevata dalla partita di calcio dei ragazzini mi fece dimenticare l'assedio, il confine e le esplosioni. Mi avvicinai al campetto e provai a scattare qualche foto, ma fui fermato subito da un miliziano di Hamas: grosso, pelato e con una barba molto lunga, presidiava il confine, abbracciato al suo Kalashnikov. Mi disse qualcosa che non capii ma immaginai che il problema fossero le mie fotografie. Provai a comunicare in inglese e in francese ma non funzionò, il soldato parlava solo arabo. Per fortuna arrivò Sami, che gli spiegò che ero un reporter e che fino a pochi giorni prima avevo insegnato Fotografia all'Al-Aqsa. I giornalisti lungo i confini non erano quasi mai ben visti, ma chi veniva in un luogo assediato per portare solidarietà e conoscenza, sì. Il corso diventò il mio lasciapassare e l'atteggiamento del miliziano mutò da ostile a riconoscente. Non mi disse il suo nome per motivi di sicurezza, ma mi raccontò di aver combattuto nelle ultime due guerre, quella appena terminata e quella del 2012, e che ora lo avevano messo su quel confine più «tranquillo» a controllare che non succedesse nulla con l'Egitto, ma soprattutto ad assicurarsi che dai tunnel non entrassero droghe, medicinali vietati e alcol. Una vera fissazione per Hamas.

In pochi minuti ero riuscito a prendere confidenza con il soldato, Sami ci faceva da traduttore mentre il rumore delle deflagrazioni delle case continuava. Gli chiesi dei tunnel, se ce ne fossero lì vicino, e lui, ormai fidandosi di me, mi propose di passare in Egitto attraversandone uno, mi avrebbe accompagnato lui fino alla fine ma non sarebbe potuto uscire sull'altro versante, per non causare un problema diplomatico. «Mi raccomando, però, non fotografarmi e soprattutto quando passerai al checkpoint di Erez non dovrai aver nulla con te, ti arresterebbero» aggiunse preoccupato.

Pensai che avrei potuto forse inviare tutto il materiale raccolto prima di lasciare Gaza, magari poche foto per volta, durante la notte, sfruttando la scarsa connessione che avevamo.

Il sole stava per tramontare e il buio avrebbe potuto rappresentare un problema per la nostra sicurezza, inoltre passare un tunnel in notturna non doveva essere il massimo. Mentre ragionavo su queste cose il mio telefono squillò, era Meri Calvelli, che si trovava ancora a Betlemme con il resto della carovana in attesa di partire per l'Italia. Aveva la voce preoccupata, mi chiese dove fossi, e appena nominai Rafah cominciò a urlare che dovevo andare via subito da lì, che dal consolato italiano le avevano detto che una cellula salafita aveva intenzione di rapirmi, che ero un obiettivo.

Rafah era la roccaforte dei jihadisti nella Striscia, il 14 agosto 2009 era stato proclamato l'Emirato di Rafah dopo il sermone dell'imam Abdel Latif Moussa, che guidava il gruppo salafita Jund Ansar Allah, «Soldati dei seguaci di Dio», un gruppo ispirato e legato ad al-Qaida. Secondo Abdel Latif Moussa, Hamas non imponeva le giuste regole religiose, di fatto non facendo rispettare la sharia nella Striscia. Dopo un giorno di battaglia tra i fedeli di Jund Ansar Allah e le Brigate al-Qassam, la moschea dove si erano rifugiati i salafiti venne presa d'assalto dal braccio armato di Hamas e distrutta. I morti accertati furono ventiquattro, tra questi Abdel Latif Moussa. Le circostanze restano però poco chiare.

Chiesi a Meri perché pensavano che fossi un obiettivo sensibile ma dal consolato erano stati poco dettagliati, l'informazione probabilmente era arrivata da altri servizi d'intelligence, forse da quelli israeliani o forse da altri ancora, Meri non lo sapeva.

I luoghi sotto assedio o in guerra pullulano di spie, qualcuno doveva avermi visto a Rafah e aveva fatto scattare l'allarme. Così, poco prima del tramonto io e Sami salimmo in macchina, il rientro nella casa di Gaza City fu più veloce del previsto: l'autista, dopo aver parlato con Sami, aveva evitato le strade secondarie e gli ingorghi di traffico, tutti luoghi dove un gruppo armato avrebbe avuto gioco facile. Intanto Sami fece alcune telefonate: un fixer oltre a procurare a noi giornalisti delle storie serve anche e soprattutto a garantirci la sicurezza sul campo.

Dal ministero dell'Interno di Hamas ci dissero che il rapimento era uno scenario probabile, che per quella notte avrebbero provveduto a mettere in sicurezza il palazzo e che mi aspettavano la mattina seguente nella loro sede per parlare.

«Non vogliamo un'altra storia come quella di Vittorio Arrigoni, quello che possiamo darti è una scorta per il resto del tempo che passerai qui» mi disse il capo di gabinetto in un ottimo italiano. Anche lui aveva studiato in Italia tanti anni prima e sembrava contento di poter parlare la nostra lingua.

Per l'Occidente Hamas è un'organizzazione terroristica, ma a Gaza è soprattutto un partito che gestisce il potere su delle basi che non solo non condivido ma che sono lontanissime da me. Tuttavia qui sono al governo, e quando ci si interfaccia con il potere in questi luoghi sappiamo che bisogna farlo con chi spesso ha una visione molto distante dalla nostra. Lo fanno i giornalisti, lo fanno i cooperanti.

Chiesi che «tipo di scorta» avrei avuto, lui rispose che sarei stato libero di girare da solo, usando precauzioni. Che i loro uomini non li avrei nemmeno visti ma che sarebbero sempre stati nei paraggi. Accettai, visto che l'alternativa sarebbe stata quella di lasciare la Striscia, e io non volevo. Ma da quel momento dovetti evitare Rafah e avere altre piccole accortezze.

Le fragole

Il Nord della Striscia era una lunga distesa di macerie. Beit Lahia, Beit Hanun, Jabalya: luoghi dove al posto di palazzi di cinque o sei piani c'erano cumuli di calcinacci. Prima dell'offensiva israeliana dell'agosto 2014, molti di quegli edifici erano destinati alle famiglie dei dipendenti dell'ANP o di altre organizzazioni a essa collegate. Il confine era vicino e come per ogni punto di frontiera si era sviluppata un'economia informale basata sul passaggio di merci e persone, in questo caso l'indotto era multiplo visto che sul lato palestinese si trovavano due checkpoint: quello dell'ANP e quello di Hamas. Proprio sul quel punto di confine fino a dieci anni prima c'erano tre colonie israeliane: Nisanit, Elei Sinai e Dugit. La prima era nata nel 1980 all'interno del programma Nahal, risalente al 1948, che secondo Israele avrebbe dovuto combinare il servizio militare con lo sviluppo delle aree agricole e che nei decenni si era trasformato in uno strumento di colonizzazione: oltre cento kibbutz costruiti e comunità rurali che oggi fanno parte del progetto di colonizzazione della Cisgiordania, garantendo non solo una presenza civile ma anche militare nei territori palestinesi. Fino al 1990 il gruppo Nahal era coordinato dall'esercito israeliano ma non inquadrato in esso, di fatto era un gruppo paramilitare operativo sul territorio nazionale e in quello palestinese.

Elei Sinai invece fu creata nel 1982 dopo che le famiglie che abitavano la colonia Yamit nel Sinai egiziano furono mandate via a seguito del ritiro israeliano dall'area. Il nome della colonia vuol dire «verso il Sinai» perché i duemilacinquecento coloni avevano il sogno di tornare nel Sinai egiziano.

Dugit invece fu creata nel 1990 da tre famiglie di pescatori israeliani che per dieci anni vissero di pesca e turismo in case provvisorie. A differenza delle altre due colonie non era un'occupazione a fini religiosi ma economici, e nel momento del ritiro unilaterale delle colonie israeliane da Gaza, misura voluta dal primo ministro israeliano Ariel Sharon nel 2004 e applicata nel 2005, i coloni di Dugit furono gli unici ad andare via senza l'uso della forza, insediandosi più a nord, sempre lungo la costa. La convivenza con le colonie per i palestinesi non fu mai facile: erano persone venute da lontano che occupavano una terra non loro con l'esercito o i paramilitari a difenderle quotidianamente. E risultò particolarmente difficile soprattutto quando si trattava di integralisti religiosi, di gente convinta che quella terra gli spettasse per volontà divina, in quanto appartenente al popolo eletto da Dio.

Se i coloni fossero tornati nel gennaio 2015, nel periodo in cui mi trovavo a Gaza, probabilmente non avrebbero riconosciuto la zona, perché da quando erano andati via il loro Stato aveva deciso di isolare la Striscia, vietando non solo il passaggio delle persone ma anche quello delle merci. Pochi entravano nella Striscia, pochissimi uscivano, mentre per le merci il discorso era diverso: tante, tantissime ne entravano e pochissime ne uscivano. Qui c'era bisogno di tutto: dell'acqua in bottiglia, perché spesso il depuratore veniva bombardato, di farina per fare il pane, dei ceci per fare i falafel e di tutti gli altri beni di prima necessità. Tra le poche cose che ancora si coltivavano a Gaza c'erano le fragole.

Prima dell'assedio, nel Nord di Gaza c'erano duecentocinquanta ettari di terra coltivati a fragole, che in arabo si chiamano *fraoole*. In quel momento invece ce n'erano appena cinquanta: prima dell'assedio il mercato era Israele, ma anche la Cisgiordania, oltre a quello interno. Ma ormai il mercato era solo interno.

Prima di condurmi tra le file delle piantine di fragole, tutte ricoperte di teli per proteggerle, Abu Abdallah mi ricevette nel suo ufficio al consorzio dei coltivatori di fragole, del quale era il presidente.

«Essendosi ridotti gli ettari da coltivare, abbiamo dovuto ridurre anche il numero di lavoratori» mi disse mentre un dipendente del consorzio ci versava il tè. L'ufficio era arredato in stile anni Ottanta, con mobili di legno e vetri scuri dove Abu Abdallah conservava i documenti, una scrivania decisamente troppo grande per il suo corpo minuto, due sedie e un piccolo divano per gli ospiti. Abu Abdallah aveva capelli e lunghi baffi quasi completamente bianchi, occhiali grandi e squadrati, indossava un abito elegante che faceva pensare che le sue spalle e la statura fossero stati diversi un tempo, sicuramente più grandi.

«Le fragole sono un prodotto storico di Gaza, e se noi abbiamo dovuto licenziare il quindici per cento dei dipendenti, puoi immaginare come se la passano gli altri settori. Se cala il potere di acquisto interno a causa della disoccupazione e non ci è permesso esportare le fragole, chi le compra? Chi le mangia?» proseguì dopo che l'uomo che ci aveva versato il tè si fu chiuso la porta alle spalle.

La crisi economica che aveva investito la Striscia di Gaza dopo la costruzione del muro era visibile ovunque: oltre la metà della popolazione viveva sotto la soglia di povertà, molti lavoratori dell'edilizia, altro indotto importante, dipendevano dai permessi concessi da Israele arbitrariamente. I produttori erano in crisi perché il solo mercato interno non riusciva a garantire la sopravvivenza delle loro attività, a maggior ragione prodotti come le fragole non rappresentavano una priorità per una popolazione che viveva perlopiù grazie agli aiuti dell'UNRWA.

«Le fragole di Gaza venivano vendute nei mercati di Tel Aviv, di Gerusalemme o di Ramallah, erano molto richieste e noi vivevamo bene.» Abu Abdallah continuò a raccontarmi un mondo che ormai era scomparso, ora la sua famiglia era tra le poche a continuare a coltivare. Nei mesi precedenti, per alleggerire il carico della guerra, avevano chiesto di poterle esportare in Cisgiordania, quindi attraversando Israele ma andando direttamente nei territori palestinesi.

«Hanno lasciato le fragole per ore sotto al sole al valico di Kerem Shalom, quando finalmente ci hanno dato il permesso di farle uscire erano quasi immangiabili e così ho preferito non pagare la tassa doganale» mi disse amareggiato. Per loro la Cisgiordania avrebbe potuto essere il mercato che a Gaza mancava, ma le decisioni arbitrarie dell'occupazione avevano anche queste conseguenze: lo Stato che ti tiene sotto assedio ti fa una concessione, ma poi hai a che fare con il comandante di turno al checkpoint, che magari quel giorno ha voglia di far valere la sua autorità più del solito e così le tue fragole, il tuo lavoro, marciscono sotto il sole caldo di questo pezzo di terra a ridosso del deserto. Abu Abdallah mi mostrò uno dei tanti campi della zona, mi colpì quanto fosse a ridosso del confine: da una collinetta si vedeva il muro, che costringeva i gazawi a una vita sotto assedio, e, oltre il confine, la centrale elettrica di Ashkelon, città israeliana. Nel campo invece c'erano tre adulti e due bambini intenti a raccogliere le fragole, i bambini avranno avuto sei o sette anni e trasportavano cassette quasi più grandi di loro.

Prima dell'assedio, nella famiglia di Abu Abdallah tutti andavano a scuola con regolarità, ma allora, non potendo permettersi braccianti esterni, quando c'era più lavoro erano i piccoli della famiglia a dover aiutare.

Le fragole, dopo essere state ben disposte nelle cassette, venivano sistemate su un carretto trainato da un asino: «Queste domani saranno tutte al mercato vecchio di Gaza» mi disse orgoglioso Abu Abdallah guardando i figli e i nipoti lavorare.

Negli anni questa azienda familiare si era strutturata: i semi arrivavano dai semenzai che un altro dei suoi figli stava coltivando in una baracca di legno a poche decine di metri dal campo. «Prima di fartelo vedere però assaggia almeno una fragola» mi disse, mettendomene in mano tre belle grandi: il sapore era dolcissimo, raramente avevo mangiato fragole così buone.

Nel semenzaio lavoravano anche due operai esterni alla famiglia: avevano scelto di tenerli perché erano molto bravi nel loro lavoro e «avere dei buoni semi è come essere a metà dell'opera» mi disse Ahmad, il figlio di Abu Abdallah. Il processo della semina e della germinazione richiede un lavoro minuzioso. «Dopo qualche giorno spunta la prima fogliolina, e in alcune settimane le piantine sono pronte per essere messe a terra» mi spiegò Ahmad mentre mi mostrava le piccole serre dove c'erano i semenzai con i germogli. Gli era sempre piaciuto questo lavoro e mi raccontò che a differenza dei suoi fratelli più grandi lui preferiva fare lavori di precisione, così si era ritagliato il suo ruolo nell'azienda di famiglia.

Anche le altre due aziende presenti sul territorio che avevano scelto di continuare con la coltivazione delle fragole erano a conduzione familiare, e solo eccezionalmente avevano necessità di assumere qualcuno di esterno alla famiglia.

L'assedio aveva assestato un pesante colpo all'economia del Nord della Striscia, e in generale a tutti i gazawi, imprigionando in un fazzoletto di terra non solo le persone ma anche le *fraoole*.

Il crepitio delle macerie

La mattina seguente sentii un gran vociare sotto casa, non capivo cosa dicessero le voci ma erano molte, mi affacciai e vidi linee di uomini della polizia di Hamas che si allenavano attorno al palazzo in cui alloggiavo. La caserma della polizia militare si trovava proprio lì vicino e la versione islamica dei marines stava utilizzando il quadrante sul lungomare per correre e addestrarsi.

La sera prima, in un eccesso di zelo, avevamo bloccato la porta di casa con buona parte del mobilio: un armadio, delle sedie, insomma tutto quello che poteva finire davanti all'ingresso, ma nel complesso la notte era passata serenamente, c'era stata solo qualche esplosione lontana, ma a quelle ormai mi ero abituato come al rumore dei droni che sorvolano notte e giorno la Striscia per raccogliere immagini di quello che avviene.

Gaza è un ecosistema chiuso dove il controllo maniacale del territorio da entrambe le parti è un fattore fondamentale. Per questo il rischio rapimento qui è meno alto che in altri luoghi: le fazioni armate di Hamas, Fatah, Jihad e Fronte popolare sono in competizione tra loro, ma questo consente di avere ogni centimetro dei trecentosessantacinque chilometri quadrati sotto osservazione costante.

La presenza della polizia di Hamas nei giorni successivi sarebbe stata fissa: avrei sempre avuto attorno una motocicletta con due uomini a bordo, con Kalashnikov a tracolla; o macchine, sempre le stesse, che ronzavano attorno ai luoghi che frequentavo o che stavo andando a visitare. Una marcatura a uomo che garantiva protezione e il tempo affinché potessero portarmi via, in caso una cellula salafita fosse entrata in azione. Le raccomandazioni erano state chiare: niente taxi sconosciuti, niente barbiere, nessuna passeggiata non comunicata. Inoltre avrei dovuto declinare gli inviti a prendere un tè da parte delle studentesse della mia classe; era molto improbabile che potesse succedere qualcosa in simili circostanze, ma era meglio non rischiare.

Dopo il risveglio concitato a causa della presenza sotto casa della versione palestinese delle giovani leve di *Full Metal Jacket*, ne approfittai per mettere su un tè e godermi il sole che, nonostante fosse inverno, fino a quel momento era stato generoso: il giorno dopo infatti era prevista una tempesta che avrebbe fatto scendere le temperature di molti gradi, mettendo ancora più in difficoltà chi era senza casa dalla scorsa estate.

Non potendo più tornare a Rafah decisi di andare a nord quel giorno, dove la guerra aveva colpito intere cittadine e quartieri. Avevo già avuto modo di farmi un'idea del livello di devastazione che avevano subito quelle aree al mio arrivo a Gaza, osservando il paesaggio dal finestrino dell'automobile che mi stava portando all'hotel.

E un'altra volta, quando, dopo una lezione, eravamo passati velocemente da Shejaiya: il quartiere completamente raso al suolo mi aveva lasciato dentro un profondo senso di desolazione e impotenza. Mi era venuta l'idea di girare un videoclip musicale, invece del classico documentario o reportage, insieme a un rapper locale e ai ragazzi parkouristi che avevo conosciuto durante il corso, in parte ambientato a Gaza, per raccontare la Striscia con un linguaggio più fresco in modo da arrivare a più persone possibili. Pensai di unire le passioni dei giovani: il parkour e l'hip hop, due cose che non rientrano nell'immaginario che abbiamo noi della Palestina e in generale del mondo arabo. Questi due linguaggi sono stati importanti per quelle che in Europa chiamavamo «primavere arabe», che in realtà erano delle vere e proprie rivolte, spesso iniziate sui social, e poi proseguite in piazza.

Internet e i social avevano portato i giovani a ribellarsi alla tradizionale struttura della società palestinese per cui la famiglia si identifica in una fazione politica e le possibilità di cambiare sono davvero minime. Giovani che, invece, militavano sempre meno nelle strutture partitiche organizzate, preferendo esprimere le loro idee e la loro voglia di ribellione attraverso i versi scritti sulle basi rap o saltando da un muro all'altro, riappropriandosi in questo modo della loro terra. Così insieme al rapper Ibrahim, in arte Mc Gaza, che avevo conosciuto tramite Jumana, invitai a partecipare al video anche i ragazzi del

Gaza Free Run, associazione parkouristi, che avevano seguito il corso di parkour con gli insegnanti italiani della carovana. Loro erano di Jabalya, un campo profughi poco a nord di Gaza, famoso per essere malfamato. Mi erano stati indicati da Davide e Fabio, gli insegnanti di parkour, come i più attenti alle lezioni e quelli che si erano impegnati di più, e quindi mi era sembrato giusto ringraziarli in questo modo.

Il giorno del sopralluogo per il videoclip, l'appuntamento con Sami era stato fissato poco dopo l'alba, volevo sfruttare al massimo le ore di sole, visto che dovevo essere a casa prima del tramonto. Il tragitto in macchina sarebbe dovuto durare non più di un quarto d'ora, ma impiegammo oltre il doppio del tempo per uscire da Gaza City, il traffico era peggiore del solito e i clacson una interminabile colonna sonora. Ma quella non era una giornata come le altre, c'era grande attesa per la visita di Maḥmūd ʿAbbās, conosciuto anche come Abū Māzen, il presidente dell'Autorità nazionale palestinese, che mancava da Gaza da anni e che proprio quel giorno avrebbe tentato un percorso di riconciliazione con Hamas, finalizzato alla ricostruzione della Striscia e alla convocazione di nuove elezioni, visto che quelle previste per il dicembre precedente erano state rinviate per l'ennesima volta, a causa dell'operazione militare israeliana a Gaza. Ma qui tutto doveva rimanere com'era: a Israele faceva comodo che fosse Hamas a governare la

Striscia per giustificare l'assedio e le operazioni militari. A Hamas invece non conveniva tornare al voto perché sapeva che il rischio di perdere le elezioni era molto alto, anzi era quasi scontato, dopo anni di controllo interno e assedio esterno. Anche Abū Māzen temeva il confronto con un altro eventuale candidato delle forze laiche, essendo ormai un leader anziano, screditato dalla corruzione del suo partito. Ma le elezioni erano un passaggio che andava fatto, bisognava solo capire quando.

Dopo quasi quaranta minuti di code e clacson arrivammo in prossimità di una piazza dove c'era un mercato, riuscimmo ad aggirarlo e a percorrere ancora qualche centinaia di metri prima di entrare in uno scenario postapocalittico dove i colori della vita e i suoni delle persone scomparvero e tutto all'improvviso si tinse di un colore misto di cemento e terra, era il colore delle macerie. Scendemmo dall'automobile, l'atmosfera era ovattata, fatta di un silenzio palpabile, si udiva solo il crepitio delle suole delle nostre scarpe che calpestavano le macerie. A ogni passo cercavo di capire se ci fosse differenza tra le macerie dei terremoti, che conoscevo bene per averli visti e raccontati, e quelle della guerra: la risposta fu che le macerie sono macerie, non c'è distinzione.

Forse una possiamo trovarla nella classificazione, perché i terremoti hanno una scala in base alla potenza del sisma, la Richter, e un'altra in base ai danni che provoca, la scala Mercalli.

Ma un terremoto è un evento naturale e i danni, e quindi anche i morti, arrivano per la potenza che la terra sprigiona, abbiamo imparato a capirlo dalla capacità di tenuta dei nostri edifici. Qui invece questi due fattori non c'entravano nulla, e il secondo non era proprio contemplato. Alle bombe non si resiste, ai missili di diverse tonnellate, neanche a dirlo.

Per alcuni minuti né io né Sami dicemmo una parola, continuammo a camminare in silenzio tra case che non c'erano più e colline che si erano formate per sottrazione intorno ai crateri lasciati dalle bombe. A un certo punto non resistetti, mi venne la nausea e preferii fermarmi. Non aveva senso continuare, era uno strazio per l'anima ed era inutile per le immagini: era tutto troppo grande per essere ripreso da quella prospettiva. Mi diressi verso i pochi palazzi pericolanti rimasti in piedi. Sui muri, dai buchi, si potevano riconoscere le diverse armi usate per colpirli. Salii in alto, su un tetto, per avere una visuale diversa, che si rivelò più angosciante per il livello di devastazione, ma in qualche modo più distaccata. La merda è sempre merda, ma se la vedi da lontano puzza meno. Davanti non avevo merda ma macerie, eppure il senso di voltastomaco era lo stesso, se non peggiore, perché non c'era niente di naturale in quella catastrofe, dietro c'era una scelta umana, dettata dalla politica.

Il sopralluogo per il videoclip non durò molto, un angolo valeva quasi quanto un altro, ovunque c'erano crateri e macerie, quindi il criterio di scelta alla fine sarebbe stato solo la luce. Ce ne andammo poco prima del tramonto, quando il cielo iniziava a essere di un blu molto intenso. Da un palazzo spuntò la luce fioca e rossa di una candela. Qualcuno aveva scelto di vivere in un edificio per metà distrutto ma che offriva un rifugio più sicuro rispetto alla strada.

La notte si prospettava fredda e la candela non sarebbe bastata a scaldare tutti.

2

Viaggio di nozze
(2016)

Media Center e Deir el-Balah

A dicembre 2015 sarei dovuto tornare a Gaza in università per proseguire il progetto iniziato con la carovana. I visti però non arrivarono in tempo, li attesi fino all'ultimo con trepidazione, perché ci tenevo a tornare, a continuare il lavoro, a rivedere i ragazzi e le ragazze con cui ero rimasto in contatto. Ero ansioso di rivedere Gaza. Ma non fu possibile. Poi, all'inizio del 2016 io e Valentina decidemmo di sposarci – fissammo la data del matrimonio il 25 marzo a Roma, nonostante in quel momento vivessimo a Bruxelles – e di andare in viaggio di nozze a Gaza per continuare il progetto. Dei sette giorni di corso che avevamo programmato riuscimmo a farne solo quattro, perché per tre giorni gli israeliani non ci permisero di passare a Erez. «Il visto non è pronto» dicevano, oppure «manca una firma, forse», pertanto alla fine restammo tre giorni in Cisgiordania, dove ne approfittammo per visitare Hebron, Nablus e Ramallah.

La guerra a bassa intensità e l'assedio fanno della Striscia un luogo che da fuori uno immagina statico e immutabile, come se fosse posto all'interno di una bolla. Invece, ogni volta in cui sono tornato a Gaza ho sempre trovato qualcosa di diverso, a cominciare dai checkpoint. Quello dell'ANP, per esempio, mi capitò a volte di trovarlo aperto e operativo, altre chiuso e abbandonato. Questo dipendeva dagli accordi e dai rapporti momentanei tra l'Autorità nazionale, che ha base a Ramallah, guidata dal partito al-Fatah, e il governo di Gaza, con a capo Hamas.

In alcuni momenti tutto è facile, i controlli sono minimi e si passa velocemente. In altri, quando aumenta la tensione con Israele e la paura che entrino spie, i controlli si fanno molto più dettagliati e il materiale elettronico diventa l'obiettivo principale. Così le stesse macchine fotografiche che erano state analizzate fino all'ultima vite in Israele, vengono di nuovo passate al vaglio, così come i computer. Tutto ovviamente con molti meno strumenti tecnologici a disposizione per capire cosa ci sia al loro interno. Per Hamas, si è già ricordato, è importante controllare che non entrino alcol, medicine e soprattutto psicofarmaci, che per loro equivalgono a droghe.

Nel mutevole mondo dei checkpoint di Gaza, quando tornai nel 2018, se non era presente una persona dello staff dell'organizzazione che ti aveva invitato a Gaza, non potevi uscire dal container, dove due uomini delle Brigate al-Qassam ti controllavano. Io ero con Daniele Napolitano, amico e fotoreporter, ed era la terza volta che entravamo a Gaza insieme, ma non sapevamo di questa novità, così per saltare dei passaggi non ci eravamo incrociati con Amal, dello staff della ONG CISS. I miliziani di Hamas non parlavano inglese e il mio arabo non era sufficiente per chiedere quale fosse il problema. Per oltre un'ora ci guardammo negli occhi, io, Daniele e i due soldati, senza riuscire a dirci quasi nulla. La situazione si sbloccò quando per caso passò di lì la responsabile della cooperazione norvegese che ci spiegò la nuova procedura, solo a quel punto capimmo che dovevamo far venire lì Amal, la quale venne a prenderci e spiegò ai soldati la situazione.

Ma quello che cambia di più a Gaza è l'architettura dei quartieri, come una Penelope che di giorno tira su muri e case e di notte li bombarda. Una Penelope bifronte: di giorno palestinese e di notte israeliana. Appena passata Erez si incontrano subito le terre del Nord, quelle tra Beit Hanun e Beit Lahia, che nel 2014 erano completamente rase al suolo, erano luoghi morti dove risultava difficile incrociare anche solo una persona, ma appena due anni dopo la vita sembrava aver ripreso a scorrere con i mercati, le strade popolate e le case ricostruite.

«Qui siamo ottimi muratori per necessità, non per scelta» mi disse scherzando un uomo che stava lavorando al tetto della propria casa a Beit Lahia. Con la famiglia era andato via nell'estate del 2014, quando i carri armati stavano per passare il confine per iniziare l'invasione di terra. «Ci siamo rifugiati nella città di Gaza, nel centro della Striscia, dove abbiamo alcuni parenti» aggiunse prendendosi una pausa dal lavoro per bere un tè. Non era la prima volta che ricostruiva la sua casa, dal 2008 c'erano state tre guerre e tutte e tre le volte avevano distrutto questa parte della Striscia che si trova a pochi chilometri dal confine. La nostra destinazione finale era Deir el-Balah, nel centro della Striscia di Gaza, dove ci attendeva il Politecnico che aveva organizzato un corso intensivo di Giornalismo. La facoltà di Comunicazione era nuova, c'erano uno studio tv con la regia e una parte dedicata alla radio, dove gli studenti e le studentesse potevano sperimentare e sviluppare progetti concretamente. Il nostro compito, come per il corso tenuto due anni prima all'Università Al-Aqsa, era quello di fornire nuovi input per la formazione, partendo dalla nostra esperienza, data l'impossibilità per gli studenti di arricchire il loro bagaglio culturale all'estero. Al Politecnico tenemmo le lezioni solo la mattina per seguire, nel pomeriggio, le giornaliste freelance impegnate con un altro corso al Media Center indipendente di Gaza. Non conoscevo questo progetto, ma quando ci proposero di partecipare decidemmo di rinunciare al pomeriggio al Politecnico per poter contribuire alla loro formazione.

Spesso, quando si parla di Gaza, nella sponda nord del Mediterraneo, si pensa a un posto in cui la libertà della donna è limitata, riproponendo uno stereotipo che va bene per l'Afghanistan dei talebani o l'ISIS. Hamas non è migliore di loro, ma la storia e la cultura di Gaza rendono quel modello inapplicabile; qui, infatti, non è insolito vedere donne senza hijab in strada o, appunto, un collettivo organizzato di giornaliste.

La prima giornata fu piuttosto lunga ma molto appagante, sette ore e mezzo di lezione, con giusto il tempo di pranzare velocemente in macchina e riprendere da un'altra parte.

Durante la sessione del mattino, una studentessa molto giovane mi aveva colpito particolarmente per la sua bravura: portava grandi occhiali dalla montatura tonda, che sembravano ancora più grandi per via della sua corporatura minuta. Noor, questo era il suo nome, durante un confronto con altri studenti aveva tirato fuori la sua determinazione nel voler fare questo lavoro. Forse a causa della sua statura o del suo genere, i compagni all'inizio non l'avevano presa sul serio, ma il loro atteggiamento era cambiato quando, dopo aver scorso insieme una selezione delle loro fotografie, quelle di Noor erano risultate in assoluto tra le migliori.

In classe catturò la mia attenzione anche la storia di un'altra studentessa, Loupna: suo fratello maggiore era un fotogiornalista, morto nell'operazione militare israeliana Margine di protezione del 2014. La scritta PRESS sul giubbotto antiproiettile non era servita a proteggerlo, anzi, essere un giornalista ti fa diventare un obiettivo prioritario, perché Israele non ha piacere che si sappia quanti morti provocano le sue bombe.

«Voglio fare quello che faceva mio fratello, continuare il suo lavoro. Aveva uno sguardo sempre attento alla bellezza, alle persone, non raccontava solo la guerra» mi disse Loupna, la quale utilizzava proprio la macchina fotografica del fratello, recuperata insieme al corpo.

La sua decisione di seguire le orme del fratello mi spiazzò. Aveva cinque anni più di lei, era morto a trentun anni e Loupna aveva scelto di percorrere la sua stessa strada, pur consapevole del rischio.

Le parlai del Media Center, dove avrei fatto lezione nel pomeriggio; Loupna non lo conosceva ma sembrò felice di scoprire che a pochi chilometri da casa sua c'era un luogo per sole donne dove poter crescere professionalmente una volta terminata l'università. Quello stesso pomeriggio chiesi ad Andaleeb Adwan, la direttrice del Media Center, se fosse possibile includere Loupna nel corso, e lei fu felice di dare a una giovane giornalista la possibilità di frequentare un luogo sicuro. Per le donne era fondamentale, soprattutto per quelle che sceglievano un lavoro che per sua natura le avrebbe esposte a molti pericoli, e anche al giudizio. «La nostra è una società chiusa» mi spiegò Andaleeb «ma la vostra presenza ci aiuta, ci porta una boccata d'ossigeno proveniente dall'esterno, fondamentale per le giovani giornaliste.»

L'età media al corso del pomeriggio era bassa: su tredici partecipanti solo quattro avevano più di trent'anni. Qui ritrovai Jumana, la studentessa del corso del 2014, una di quelle più attive. Eravamo rimasti in contatto e lei intanto aveva iniziato a lavorare come fixer. Parlava un ottimo inglese, che l'aiutava molto nel lavoro, e nel Media Center si distinse, come aveva fatto anni prima, per la sua intraprendenza, la tanta voglia di fare e di scoprire il mondo. Come Jumana tante altre ragazze erano desiderose di scavalcare quel muro, di crearsi un futuro che però, visto da lì, appariva offuscato dall'assedio.

Gaza era anche questo, una popolazione giovane, per circa la metà composta da minorenni, che stava pagando il prezzo di un risultato elettorale al quale non aveva preso parte perché troppo piccola anche solo per capire la parola «elezioni».

Ritorno a Shejaiya

Nella Striscia di Gaza esiste una sola altura, si trova a nord, nella zona della città di Gaza, ed è una collina alta poco più di trecento metri. Passata la collina comincia il deserto del Sinai. Essendo molto piccola, da questa altura si può vedere quasi tutta la Striscia, a esclusione della città di Rafah, che si trova nella parte più estrema a sud. Mentre camminavo per arrivare nel punto più alto della collina a Shejaiya, sentivo i battiti del mio cuore aumentare. Da qui, due anni prima, avevo assistito a uno degli scenari peggiori mai visti: la devastazione dell'intero quartiere. Mi avevano detto che quasi tutto ormai era stato ricostruito e che la vita era tornata a scorrere, ma io non riuscivo a togliermi dagli occhi le immagini terribili di quel paesaggio postapocalittico. La prima cosa che vidi chiaramente furono i terreni verdi e i campi coltivati a qualche centinaio di metri dal muro di separazione. In Israele, evidentemente, la vita poteva essere anche verde. Mentre in tutta la Striscia gli unici colori visibili erano il grigio cemento e il sabbia. Dopo il verde arrivò un po' di marrone, quello della *buffer zone* israeliana, la zona cuscinetto interdetta ai civili, che serve a tenere a distanza le persone dal muro, alto e grigio. Forse l'unica cosa statica di Gaza, la sola certezza di trovarlo lì sempre, anche a distanza di anni.

Il paesaggio si trasformava drasticamente dal muro, che non è solo una demarcazione politica e di guerra, ma un confine sociale e culturale, un passaggio spazio-dimensionale tra chi è imprigionato e chi è libero, tra chi pensa che la vita possa avere delle prospettive e chi sa che lì dentro ci morirà. Eppure Shejaiya era davvero rinata: se non l'avessi già conosciuta e mi avessero mostrato due fotografie del prima e del dopo, non avrei mai potuto pensare che si trattasse dello stesso posto. Mi ricordò quei vecchi film coloniali, dove si vedevano spuntare dal nulla intere città per volere dei colonizzatori. C'erano palazzi in costruzione, tanti operai indaffarati, ma soprattutto le persone che erano tornate a viverci, non come due anni prima, quando i pochi superstiti sembravano degli zombie.

Sulla collina incontrai un uomo anziano, si chiamava Hassan, alto e magro, indossava dei vecchi pantaloni, una camicia di cotone e una kefiah che dalla testa gli scendeva sulle spalle. Mi disse che prima del bombardamento Shejaiya era esattamente così, ma che nei suoi oltre sessant'anni di vita aveva cambiato tante volte faccia.

«Io sono arrivato qui tra i primi, quando c'erano solo delle tende» e, indicando il territorio oltre il muro, proseguì: «Vengo da lì, da un piccolo villaggio del Sud. Ci sono tornato qualche anno dopo a vedere cosa fosse successo, ed era diventato un kibbutz» mi disse Hassan.

Hassan era un profugo della Nakba e nel 1948 aveva cinque anni. Quando quelle terre diventarono lo Stato d'Israele i suoi abitanti persero tutto, gli furono tolti la casa, la terra e gli animali. Gaza allora era un luogo sicuro in cui molti dai territori limitrofi si stavano rifugiando.

«Eravamo qualche centinaia di persone, forse poco più di mille, ora siamo decine di migliaia e non c'è più spazio per tutti a Shejaiya» mi disse.

Hassan, da quando era iniziato l'assedio, veniva spesso sulla collina a cercare la sua casa di un tempo e a immaginare come avrebbe potuto essere la sua vita fuori di lì. Prima dell'assedio era un commerciante e viaggiava molto tra Tel Aviv, Gerusalemme e la Cisgiordania. Vendeva stoffe e tra i suoi clienti c'erano tanti israeliani, poi con le elezioni del 2006 era cambiato tutto: «Hanno cominciato a vedermi con sospetto e poi non mi hanno più permesso di uscire».

Almeno lui a settantatré anni un pezzo di mondo lo aveva visto, compresi i viaggi in Giordania e in Egitto, mentre i suoi nipoti, nati sotto assedio, non lo vedranno mai; per loro l'orizzonte è un muro e un campo coltivato visto da una collina, pensai.

Hassan mi invitò a bere un tè, ma non a casa sua, mi condusse da al-Sawaf, un tappetaio suo amico con il quale lavorava spesso. Camminammo su strade sterrate che presto sarebbero state asfaltate e provai una sensazione stranissima: due anni prima in quello stesso luogo avevo sentito solo il rumore delle macerie sotto i piedi e la strada si intravedeva appena tra le rovine dei palazzi crollati. In quel momento invece si riusciva a distinguere ogni cosa, persino i panni stesi erano tornati alle finestre e non tra un muro crollato e l'altro, come avveniva nel 2014.

Al-Sawaf viveva nei vicoli di Shejaiya dove alcuni palazzi erano rimasti in piedi, compreso il suo. Salimmo delle scale fino a una porticina ed entrammo senza bussare. Un uomo di oltre sessant'anni stava lavorando a un vecchio telaio di legno con una trama rossa, gialla, verde e blu. Al-Sawaf si alzò per salutarci e notai che era di statura media, che aveva una grossa pancia e che camminava con qualche difficoltà, sembrava un'altra persona rispetto a quando era al telaio. Un attimo prima, mentre tesseva, mi era apparso agile, veloce e leggero nei movimenti come se stesse dirigendo un'orchestra.

«I miei tappeti erano apprezzati in tutta Israele e in Cisgiordania, come le stoffe di Hassan» esordì servendoci il tè. Anche lui apparteneva a una famiglia di profughi e anche lui aveva viaggiato grazie al suo lavoro. I suoi figli avevano scelto di cambiare settore e lui ormai produceva solo per i pochi clienti di Gaza.

«Moriamo di fame, chi pensa ormai ai tappeti?» proseguì, sapendo che non era proprio così.

A Gaza metà della popolazione viveva sotto la soglia di povertà pur sopravvivendo da sempre una borghesia benestante che anche sotto assedio aveva mantenuto i suoi privilegi, in molti casi grazie ad alcuni familiari che erano andati a vivere negli Emirati o in Egitto e che continuano a mandare soldi. Ma era vero che il mercato si era ristretto per i commercianti rispetto a quello che poteva essere stato in passato.

«I miei tappeti durano minimo trent'anni, forse dovrei farli di bassa qualità, così i miei clienti tornerebbero prima a comprarne di nuovi» concluse ridendo.

Al-Sawaf durante la guerra del 2014 aveva dovuto abbandonare la sua casa sotto i bombardamenti ed era stato fortunato a ritrovarla intera, cosa che non avvenne nel 2008, quando fu distrutta insieme al suo telaio, che dovette ricostruire da zero.

Prima di salutarlo comprai un tappeto con l'accordo che, se si fosse rovinato prima di trent'anni, me lo avrebbe cambiato con un altro.

Tornai nella parte di Shejaiya ricostruita, camminando dove due anni prima c'erano i buchi profondi in cui erano caduti i missili, e adesso invece c'erano una strada e un palazzo. La vita era tornata a scorrere.

Il Lighthouse

L'ultimo giorno di lezione io, mia moglie Valentina, Jumana e Rehaf, una fotografa che aveva partecipato al corso del 2014 e con la quale nel tempo diventai molto amico, andammo al Lighthouse, un ristorante considerato chic per i canoni di Gaza. Sorseggiando una bevanda fresca, ripercorremmo gli avvenimenti dell'ultimo anno. Io e Valentina raccontammo di come per pochi minuti fossimo riusciti a scampare all'attentato di Bruxelles del 22 marzo, avvenuto appena due settimane prima, mentre Valentina era in taxi per andare in aeroporto e io in metropolitana. La mattina successiva, dopo una giornata intera di lavoro, ci eravamo messi in macchina per tornare a Roma e sposarci il giorno dopo. Ridemmo della fortuna e ricordando le storie divertenti del nostro matrimonio: pensai quanto sarebbe stato bello se ci fossero state anche loro.

«Potevate sposarvi qui, sarebbe stato un matrimonio lungo tre giorni, con balli e cibo fino allo sfinimento» disse Rehaf ridendo.

Lei era stata di recente ad Abu Dhabi, dove aveva una sorella gemella sposata, e questo le permetteva di ottenere il visto. Naturalmente aveva dovuto attendere una delle rare aperture del valico di Rafah, mettersi in fila e aspettare il suo turno. «È stata una boccata di ossigeno» esclamò mentre finivamo il primo giro di Sprite. Rehaf è tra le poche persone che conosco che riesce a uscire di tanto in tanto da Gaza: Giordania, Abu Dhabi, Egitto erano i Paesi che aveva visitato, e che le avevano permesso a trent'anni di sviluppare una sensibilità artistica non comune a Gaza. Per Rehaf la fotografia è arte, la componente giornalistica e narrativa è del tutto secondaria. Dipinge anche, nella sua stanza ha un cavalletto e tutto il necessario, ma la fotografia resta la sua principale passione.

Jumana, invece, allora aveva ventidue anni, voleva fare la giornalista, e non era mai uscita da Gaza, alla quale ancora oggi è fortemente legata.

«Non voglio andarmene di qui, voglio vivere a Gaza, ma vorrei una vita migliore» ci confessò. Aveva aspettative alte, nella Striscia il giornalismo era uno dei lavori più ambiti per via dello stato di guerra permanente, ma chi faceva questo lavoro, o avrebbe voluto farlo, aveva l'ambizione di raccontare anche qualcosa di diverso.

Da qui nacquero le amicizie con Jumana e Rehaf che, ognuna con il proprio linguaggio, avrebbero voluto raccontare la propria terra andando oltre le bombe. Consapevoli entrambe che non sarebbe stato semplice, io sapevo che non si sarebbero arrese facilmente.

Purtroppo io ero in partenza, ma ci ripromettemmo di rivederci presto. «In Europa o a Gaza» dissero, sperando però che fosse in Europa e che l'assedio, un giorno, potesse finire.

3

L'altra Palestina
(2017)

Fuori dalla Palestina c'è un'altra Palestina, più popolosa di quella dei territori palestinesi della Striscia di Gaza e della Cisgiordania. La diaspora è arrivata negli Stati Uniti, in Canada, in Europa del Nord e Centrale, in Turchia, negli Emirati Arabi e in Kuwait, ma come sempre accade durante le crisi umanitarie sono i Paesi limitrofi ad accogliere la gran parte dei profughi. Giordania, Siria e Libano su tutti si sono fatti carico dei due più grandi esodi della storia palestinese: quello della Nakba, la catastrofe del 1948 in cui 700.000 palestinesi furono costretti a lasciare le loro case, e quello della Naksa del 1967, quando Israele si accaparrò nuovi territori occupando Gerusalemme Est, la Cisgiordania, la Striscia di Gaza, le alture del Golan e la Penisola del Sinai e altri palestinesi furono espulsi dalle loro terre.

La Giordania è il Paese che ne ha accolti in assoluto di più: al momento si contano 2,1 milioni di palestinesi, come in Cisgiordania, a fronte di una popolazione di undici milioni di abitanti, si stima che più della metà della popolazione giordana sia di origine palestinese. Anche la regina consorte, Rania al-Yāsīn, pur essendo nata in Kuwait, è di origine palestinese, del villaggio di Tulkarem, nel Nord della Cisgiordania.

Poi c'è la Siria, con poco più di mezzo milione di palestinesi a fronte di una popolazione totale di ventidue milioni. Terzo è il Libano, con 450.000 palestinesi su appena quattro milioni di abitanti.

I palestinesi in Libano hanno segnato i momenti più tragici della sua storia recente, soprattutto durante la lunga guerra civile che dal 1975 al 1990 ha gettato il Paese in un baratro. L'OLP, l'Organizzazione per la liberazione della Palestina, per un periodo ha avuto la sua base a Beirut e questo ha comportato la presenza di gruppi armati in guerra contro Israele ma spesso anche tra di loro.

Prima della guerra civile, Beirut era conosciuta come la «Parigi del Medio Oriente» per via della sua fastosa vita diurna e notturna e della sua voglia di vivere. Ma Beirut è anche la città di Sabra e Shatila, i due campi profughi palestinesi tristemente famosi per il massacro del 1982 a opera dei falangisti libanesi con la copertura dell'esercito israeliano. Un massacro troppo spesso dimenticato, riportato alle cronache alcuni anni fa dal film di animazione *Valzer con Bashir*. Ma chi si occupa di Palestina e Medio Oriente non potrà mai dimenticare l'incipit del reportage del giornalista britannico Robert Fisk, tra i primi ad arrivare sul luogo di quel massacro, che definì un «crimine di guerra»:

> Furono le mosche a farcelo capire. Erano milioni e il loro ronzio era eloquente quasi quanto l'odore. Grosse come mosconi, all'inizio ci coprirono completamente, ignare della differenza tra vivi e morti. Se stavamo fermi a scrivere, si insediavano come un esercito – a legioni – sulla superficie bianca dei nostri taccuini, sulle mani, le braccia, le facce, sempre concentrandosi intorno agli occhi e alla bocca, spostandosi da un corpo all'altro, dai molti morti ai pochi vivi, da cadavere a giornalista, con i corpicini verdi, palpitanti di eccitazione quando trovavano carne fresca sulla quale fermarsi a banchettare.
>
> Se non ci muovevamo abbastanza velocemente, ci pungevano. Perlopiù giravano intorno alle nostre teste in una nuvola grigia, in attesa che assumessimo la generosa immobilità dei morti. Erano servizievoli quelle mosche, costituivano il nostro unico legame fisico con le vittime che ci erano intorno, ricordandoci che c'è vita anche nella morte. Qualcuno ne trae profitto. Le mosche sono imparziali. Per loro non aveva nessuna importanza che quei corpi fossero stati vittime di uno sterminio di massa. Le mosche si sarebbero comportate nello stesso modo con un qualsiasi cadavere non

sepolto. Senza dubbio, doveva essere stato così anche nei caldi pomeriggi durante la Peste nera.

La grande strada che porta a sud di Beirut era trafficata come lo sono costantemente tutte le sue strade. Non c'era modo di sottrarsi alle interminabili code che si incontravano entrando o uscendo dalla città. Ma una volta abbandonata la strada principale e superata una rotonda con al centro un carro armato, Beirut finiva ed entravi in un altro mondo, completamente diverso, quello di un campo profughi che era rimasto lo stesso a distanza di sessantotto anni dalla sua nascita. Dove non c'era stata integrazione, e dove i palestinesi avevano continuato a vivere senza quasi la possibilità di uscirne.

Quando arrivai nel 2017, Shatila era un lungo intrico di vicoli e strade, sormontati da un'immensa ragnatela composta da fili elettrici, che quasi non si riusciva a vedere il cielo. Era piena di simboli, volti e slogan tipici palestinesi. Sembrava una piccola Gaza, o meglio, una piccola Dheisheh, il campo profughi di Betlemme. Le case erano di mattoni ma i tetti di lamiera, perché la precarietà non si estirpa dai campi profughi neanche dopo sessantotto anni. Gli scooter erano il mezzo di trasporto più diffuso, in ogni vicolo ce n'erano decine parcheggiati e ovunque sfrecciavano con due o tre persone a bordo, trasportando taniche di acqua, polli morti e qualsiasi altro genere di provviste. Tutti suonavano il clacson incessantemente invece di frenare: suonavano per avvertirti del loro passaggio e intanto ti serpeggiavano intorno senza mai fermarsi. In questi vicoli i palestinesi avevano creato uno Stato nello Stato, un po' perché la loro causa nei decenni passati li aveva tenuti coesi anche se lontani dalle loro terre di provenienza, un po' perché lo Stato libanese non li aveva mai accettati del tutto. Le scuole libanesi erano difficilmente accessibili ai palestinesi, mentre ai lavori cosiddetti statali non erano ammessi. Qui l'integrazione non era mai avvenuta.

In una delle tipiche case basse di Shatila, fatte di mattoni e lamiera, incontrai Abdallah Tahrib, un uomo di settantanove anni che aveva visto il campo crescere, trasformarsi, diventare un luogo di morte ma anche di accoglienza. Era un veterano di Shatila, arrivato nel campo nel 1952 ma in Libano dal 1948, quando a nove anni era stato cacciato dalla sua casa, dalla terra della sua famiglia ad al-Bassa, nel Nord della Palestina. Abdallah era un profugo della Nakba, nato e cresciuto nella Palestina sotto il mandato britannico, quando lo Stato d'Israele non esisteva ancora. Non vedeva la sua terra dall'aprile del 1948, da quando attorno al suo villaggio e poi a casa sua erano arrivate le milizie ebraiche.

«Avevano divise mai viste ma erano ben armati, ci dissero di lasciare la nostra casa per alcuni giorni, al massimo una settimana, garantendoci che saremmo potuti tornare» mi raccontò mentre ci accomodavamo nel salotto di casa. L'ambiente era caldo, accogliente, il caos che regnava fuori sparì non appena appoggiai i piedi sul bel tappeto che copriva interamente il pavimento. Anche il tempo sembrava diverso lì, era come se scorresse più lentamente.

Il tè alla menta caldo, la voce bassa e cadenzata di Abdallah m'introdussero nei suoi ricordi: «Avevamo gli ulivi, le pecore e un nostro orto, la mia infanzia è stata tranquilla. Non avevamo uno Stato ma io non lo sapevo, sono cose che a sei o sette anni non sai e non ti interessano. Vedevamo arrivare gente nuova, che non parlava la nostra lingua, ma non eravamo preoccupati. Compravano un pezzo di terra e la lavoravano, erano come noi e per questo li abbiamo accolti. Qualche anno dopo invece sono stati loro a dirci di andare via».

Le pause del racconto enfatizzavano la tristezza del narratore, arrivando sempre al momento giusto, come se nel tempo, a forza di raccontare la sua storia, Abdallah avesse affinato una tecnica narrativa in modo del tutto spontaneo.

«Io sono il terzo figlio, mia sorella più grande ha quattro anni più di me, mio fratello due. Con loro ascoltavamo mio padre, mia madre, gli zii e altri adulti del nostro villaggio discutere delle tensioni che si erano create a Jaffa e Haifa. "Ma noi qui li abbiamo accolti, sono i nostri vicini, cosa dovrebbe succedere?" si chiedevano mentre pensavano che non li ascoltassimo. Così quei vicini venuti da lontano diventarono un pericolo anche per noi.»

La storia della famiglia di Abdallah era quella di centinaia di migliaia di palestinesi cacciati dalle loro case in quelle settimane. In poche ore, a volte minuti, erano costretti a lasciare tutto, con la promessa che sarebbero potuti tornare entro pochi giorni.

«Così i nostri letti, i nostri piatti, i nostri armadi sono diventati di proprietà di altre famiglie, quelle che arrivavano dall'Europa in massa. Erano scampati a un genocidio e ora, a loro volta, ne stavano causando un altro in nome di una terra che avevano lasciato quasi duemila anni prima. Oggi di quella casa mi è rimasta solo la chiave» proseguì Abdallah bevendo l'ultimo sorso di tè.

La chiave è diventata il simbolo della Nakba, il simbolo del diritto al ritorno dei palestinesi. Tutte le famiglie avevano lasciato soldi e beni in casa e avevano chiuso a chiave la porta convinti di poter tornare non appena le tensioni fossero finite, ecco perché le chiavi sono diventate un simbolo.

«Non avevamo valigie in casa, non eravamo abituati a viaggiare. Eravamo una famiglia di agricoltori e pastori, non avevamo nient'altro che la terra. Mia madre ha preso un sacco e ci ha messo dentro un po' di vestiti, mio padre intanto chiudeva le finestre e si assicurava che le pecore fossero nel recinto e avessero abbastanza cibo per vivere senza di noi per una settimana.»

Mentre parlava, le rughe che gli solcavano il viso diventavano sempre più evidenti, ogni frase pronunciata portava con sé tanta tristezza.

«Ci hanno levato la terra e la casa, siamo rimasti nudi, senza nulla.»

Abdallah si commosse, dopo sessantotto anni la Nakba era ancora una ferita aperta.

La Storia, quella con la S maiuscola, che tutti conoscevamo come un evento che aveva segnato un intero popolo, stava riprendendo forma attraverso il racconto personale di un uomo anziano, all'epoca bambino, e della sua famiglia.

«Da quel giorno per noi non è più stato come prima, la mia famiglia è implosa» riprese dopo una lunga pausa dolorosa.

Mi disse poi che il padre aveva fatto di tutto per poter tornare, di come la mamma si fosse ammalata di nostalgia. Avevano trascorso i primi quattro anni in un campo profughi nel Sud del Libano, che si trovava vicinissimo a casa loro. «Mio padre ci sperava, non voleva allontanarsi troppo, e così abbiamo vissuto in mezzo al nulla, di speranza e niente più.» Ma la speranza pian piano si affievolì. «Mamma ha costretto mio padre a lasciare quel campo per venire a Beirut, sperava che ci fossero più possibilità di studiare e lavorare per noi figli, così nel 1952 siamo venuti a Shatila.»

Per arrivare a casa di Abdallah avevo attraversato un luogo molto diverso da quello che aveva visto lui nel 1952:

il campo in cui si stabilì Abdallah con la sua famiglia era un lontano parente di quello in cui mi trovavo ora alle porte di Beirut. Le tende e le case rudimentali di allora si erano trasformate in palazzine di tre o quattro piani, in grandi edifici con molte stanze e ingressi da strade diverse. Quel campo sessantacinque anni dopo era diventato un vero e proprio quartiere.

«La vita qui non era facile, ma la città ha dato un lavoro a mio padre, ai miei fratelli e anche a me. Lavoravo come muratore in una Beirut in continua crescita. La città era bella, il campo meno, ma mi piaceva passeggiare sul lungomare, quando potevo.» Abdallah prese una cornice dal tavolo, che conteneva la foto in bianco e nero di una coppia giovane e sorridente, convinta che i giorni migliori dovessero ancora arrivare: erano lui e Leila, sua moglie, anche lei profuga della Nakba, nata in Palestina e cresciuta a Shatila.

«Pensavo che le cose sarebbero migliorate, che la vita dei miei figli sarebbe stata più semplice della mia e che, prima o poi, saremmo usciti dal campo. Invece è diventato il cimitero per il mio primogenito» mi disse cambiando espressione.

Abdallah aveva quarantatré anni quando l'OLP, l'Organizzazione per la liberazione della Palestina, lasciò Beirut per spostarsi in Tunisia. In quei giorni gli Stati Uniti avevano raggiunto un accordo per il cessate il fuoco in Libano, garantendo protezione ai civili palestinesi, che erano rimasti senza a seguito della partenza dei gruppi armati dell'OLP.

«Avevo un brutto presentimento, Beirut in quei giorni era strana e con mia moglie decidemmo di andare a nord, da mio zio che viveva a Tripoli. Solo Omar, mio figlio più grande, che aveva già vent'anni, decise di restare qui. Aveva il suo lavoro, era un calzolaio, e non voleva indispettire il padrone della bottega. Lui insieme a tanti nostri conoscenti sono stati uccisi brutalmente dai falangisti in accordo con gli israeliani.»

La Storia con la S maiuscola ancora una volta incrociava la storia personale dell'uomo che avevo davanti. Il corpo del figlio maggiore di Abdallah, Omar, era stato rinvenuto insieme a quello di altri giovani ai piedi di un lungo muro. Messi faccia al muro, gli avevano legato le mani, prima di abbatterli con una raffica di colpi. Non appena venne alla luce il misfatto, Abdallah tornò a casa con la famiglia, ma i corpi dei giovani massacrati, in avanzato stato di decomposizione, erano ormai stati gettati nelle fosse comuni.

Seguirono anni bui per il campo: non si esce facilmente da una violenza tanto efferata, da una pulizia etnica premeditata, giunta dopo anni di guerra civile.

«Vivere a Beirut in quel periodo è stata dura, per i falangisti eravamo terroristi e secondo la versione ufficiale erano entrati nel campo per cercarci, ma hanno ucciso donne, bambini, anziani. Avevo un amico, che si salvò rifugiandosi in una stanza in cui i miliziani non entrarono: mi ha raccontato di aver sentito gli spari e le grida di paura e dolore per ore. Ha avuto in seguito gli incubi fino a morirne.»

L'uomo anziano che avevo davanti portava il peso delle angherie subite dal suo popolo negli ultimi settant'anni di storia. Da sopravvissuto e testimone aveva dentro il dolore di chi era stato ucciso brutalmente e di chi era morto lentamente. Una parte di lui se n'era andata quando aveva dovuto abbandonare casa sua, un'altra insieme alle vittime di Sabra e Shatila, e giorno dopo giorno, anno dopo anno, la morte aveva continuato a rosicchiargli l'anima. E forse questa è la morte peggiore.

Il Libano intanto era cambiato molto da allora, così come la causa palestinese. Abdallah aveva sperato nel percorso di pace avviato negli anni Novanta e terminato con gli accordi di Oslo per poter tornare a visitare la terra in cui era nato. Cosa che non avvenne, lui era ancora un profugo della Nakba e non aveva diritto al ritorno.

Poi, quando nel 2006 Hezbollah aveva lanciato un attacco contro Israele, scatenando una nuova guerra, Abdallah si era augurato che tornassero nel campo: «Li stavo aspettando qui, in casa, per farmi ammazzare e farla finita. Invece stavolta l'ONU è intervenuto prima, e io che speravo di farla finita...» ride. È un sorriso amaro ma vero. Il peso della storia colpisce chi resta.

Uscii dalla penombra silenziosa della casa di Abdallah per perdermi nei vicoli del campo, tra i clacson assordanti degli scooter e il vociare dei bambini che correvano per strada. Ovunque c'era chi vendeva frutta e verdura, chi falafel e chi bevande gassate. L'economia informale qui muoveva la quasi totalità del lavoro, a eccezione delle organizzazioni non governative e internazionali che avevano nel loro staff molti palestinesi. L'UNRWA ovviamente era centrale per le possibilità di lavoro e per l'assistenza che offriva alle persone. I palestinesi erano i soli ad avere un'agenzia dedicata per i rifugiati e qui, a Shatila, lo erano tutti. Le uniche scuole presenti erano quelle dell'UNRWA, solo chi arrivava a frequentare l'università poteva farlo fuori dal campo, ma erano in pochi, essendo qui l'istruzione molto costosa. L'UNRWA era diventata una sorta di welfare parallelo che seguiva i giovani dall'infanzia all'adolescenza, offrendo anche i pasti a scuola e il cibo alle loro famiglie. Grazie all'agenzia dell'ONU molti palestinesi trovavano impiego come insegnanti, dirigenti, logisti, fotografi, esperti di comunicazione e tanto altro.

Proseguii lungo una strada che portava alla sede della Mezzaluna rossa palestinese, l'organizzazione legata alla Federazione di Croce rossa e Mezzaluna rossa internazionale, che completava il welfare per i palestinesi in Libano, offrendogli cure e prevenzione.

«Siamo molto orgogliose del nostro progetto per la prevenzione sessuale, così come di quello per il controllo delle gravidanze» mi disse la donna che mi aveva accolto in una sala riunioni, dove buona parte del personale stava consumando un pasto veloce. «Vuoi una macedonia?» mi chiese facendomi accomodare. Era il loro pasto per la pausa e ne avevano alcune porzioni in più.

Sarah era una delle responsabili dei progetti della Mezzaluna rossa palestinese e ideatrice di quello di cui mi aveva appena parlato.

«In passato erano molti i matrimoni che coinvolgevano ragazze giovanissime, oggi non accade più e di questo siamo felici. Anche i matrimoni con tanti figli si stanno riducendo e il progetto riguarda esattamente questo: contraccezione per evitare le troppe gravidanze indesiderate» mi raccontò con orgoglio mostrandomi delle brochure che spiegavano i metodi contraccettivi, destinate sia alle donne sia agli uomini. «Disponiamo di spazi per accogliere le donne e le loro richieste, ma ci siamo rese conto che se non parliamo agli uomini il problema non si risolve» aggiunse mentre provava a tradurmi dall'arabo il contenuto degli opuscoli.

Le problematiche erano le stesse che si incontrano in tanti altri luoghi del mondo: famiglie numerose e povere che faticavano a dar da mangiare a tutti. Anche se i palestinesi, sia in Palestina sia fuori, a differenza di altri popoli avevano un livello di istruzione alto. Questo faceva una certa differenza nonostante l'idea di famiglia numerosa fosse ancora prevalente. C'erano tantissimi minori nel campo, perciò era necessaria la presenza di un presidio medico sul territorio che li seguisse nella crescita, anche se le risorse non erano mai abbastanza.

«I problemi sono aumentati con l'arrivo dei profughi siriani: è stato come tornare indietro di alcuni anni» proseguì Sarah, tirando in ballo il grande tema che aveva stravolto di recente la vita nel campo e nel resto del Paese.

La guerra civile siriana infatti aveva spinto milioni di persone a scappare: le numerose fazioni in campo, la ferocia degli scontri, l'assedio di interi quartieri o città avevano costretto alla fuga 6,6 milioni di persone, delle quali noi europei avevamo accolto solo una minima parte, poco più di un milione, e di cui oltre la metà risiedeva in Germania.

La Turchia ne aveva accolti più di tutti, 3,7 milioni, la maggior parte curdo-siriani fuggiti dall'ISIS in quell'avanzata che sembrava inarrestabile mentre cadevano roccaforti come Kobane, Afrin e altre città del Rojava. Gli altri invece erano profughi bloccati in Turchia contro la loro volontà a causa dell'accordo tra Turchia e Unione Europea del marzo del 2016, quando gli Stati europei decisero di chiudere la rotta balcanica a seguito del milione di profughi che arrivavano proprio per effetto dell'avanzata dell'ISIS. Tanti soldi «per tenerseli, nel rispetto dei diritti umani» veniva specificato all'epoca, ma sappiamo che questa parte dell'accordo non è stata mai rispettata. Erdogan da quel momento tenne sotto ricatto Bruxelles e quando voleva «apriva i rubinetti» di quel flusso migratorio, usando le persone come arma per fare pressione e chiedere altri soldi.

In quel flusso c'erano anche molti palestinesi che arrivavano dalla Siria, dal Libano, dall'Egitto o direttamente dalla Palestina. La Turchia infatti era uno dei pochi Paesi a non esigere il visto, così anche chi da Gaza riusciva ad andare in Egitto o in Giordania poteva prendere un aereo per Istanbul e da lì, via terra, tentare la rotta balcanica, quell'insieme di vie e sentieri che portano verso la terra promessa: l'Europa.

Anche il Libano aveva fatto la sua parte, persino più degli altri: aveva accolto oltre un milione di siriani a fronte dei suoi quattro milioni di abitanti. Come se l'Italia avesse accolto quindici milioni di profughi, un numero enorme, se pensiamo che il massimo per noi sono stati 170.000 in un anno, in proporzione quasi un centesimo rispetto a quelli che ha accolto il Libano.

Così un Paese già difficile per la sua struttura istituzionale – essendo le sue principali cariche assegnate su base religiosa: il presidente della Repubblica è cristiano, il primo ministro è sunnita e il presidente del Parlamento sciita –, con una popolazione composta da sedici gruppi tra etnici e religiosi e nel quale hanno trovato rifugio prima gli armeni vittime del genocidio e poi i palestinesi, aveva accolto più di un milione di siriani.

«Questo è un problema politico, non solo umanitario» mi disse Fabrizio Carboni, rappresentante della Croce rossa internazionale in Libano, ricevendomi nel suo ufficio in un palazzo della zona ovest di Beirut, non distante da Hamra Street, una delle più importanti vie della Capitale, diventata la zona dei siriani in città.

In questa zona vivevano i profughi benestanti, i primi arrivati, quelli che erano riusciti a ritirare i soldi e a fuggire all'inizio della guerra civile. Alcuni avevano aperto delle attività commerciali, ma la maggior parte viveva nei campi profughi.

«Il Libano aveva molti problemi anche prima, è un Paese instabile dove l'accesso all'acqua, all'istruzione e alla sanità non era per tutti. L'aver accolto un milione e mezzo di siriani ha portato ancora più instabilità politica ed economica, e non so come potrà uscirne» aggiunse Carboni.

La Croce rossa qui è presente dal 1947, quando effettuò la sua prima missione a favore dei profughi palestinesi della Nakba, come Abdallah, e da quel momento tra crisi economiche e guerra civile non aveva mai smesso di operare.

«Questa volta però la situazione è diversa, non c'è una guerra in corso, perciò l'attenzione è minore, ma con questi numeri anche gli altri Paesi della regione, e non solo, dovrebbero farsi carico di quello che sta avvenendo» proseguì Carboni.

I libanesi temevano che i siriani portassero di nuovo la guerra a casa loro, come avevano fatto i palestinesi.

Damasco e Beirut distano solo ottanta chilometri, la Siria nel 1976 aveva invaso il Nord del Libano combattendo proprio contro i palestinesi e successivamente contro Israele. L'idea della Grande Siria non si era mai sopita, così come la possibilità che il Libano potesse tornare a essere un territorio siriano, com'era prima che i francesi decidessero di creare un loro avamposto strategico nella regione. La paura nel Paese era dominante e aveva portato a decisioni poco sagge: i siriani non erano rifugiati, non erano profughi, non avevano insomma nessuno status, vivevano in un limbo che obbligava le nuove generazioni a crescere senza istruzione a parte quella offerta dall'UNHCR o dall'UNRWA per i siriano-palestinesi.

Nei giorni precedenti la mia visita a Shatila e l'incontro con Carboni avevo visitato i campi profughi nel Nord del Libano. Uno di essi si trovava a cinquanta metri dal confine. Era sconsigliato recarsi in quella zona, a causa dei combattimenti in corso tra le diverse fazioni della guerra civile siriana tra cui ISIS e Al-Nusra, organizzazione connessa ad al-Qaida, che si erano insediate su quel territorio proprio con la diaspora siriana. L'esercito libanese controllava tutti i documenti di chi arrivava, temendo che potesse trattarsi di combattenti provenienti da altre zone del Libano.

Molte donne vivevano sole nei campi, i mariti erano morti in guerra o si erano arruolati proprio con le formazioni jihadiste una volta arrivati lì.

«Questa non è vita» mi disse una di loro, che avrebbe voluto solo ricostruirsi una nuova vita con i suoi figli in Libano, ma non poteva. «Siamo in una sala d'attesa ma non sappiamo cosa stiamo aspettando» aveva aggiunto.

La donna aveva vissuto con il marito, i figli e i suoi genitori nella zona di Hama, in Siria, avevano un'azienda agricola, mentre allora stava in una tenda a poche decine di metri dal confine, segnato da un ruscello. A pochi metri c'erano le garitte di legno con le feritoie a ricordare che quel Paese, il suo Paese, era in guerra. I figli non andavano a scuola, la vita nel campo era sempre uguale, non sarebbero potuti tornare finché la guerra non fosse finita.

Senza il supporto della Croce rossa la sua famiglia non avrebbe avuto di che sostentarsi e come la sua ce n'erano tante altre che vivevano allo stesso modo, era questa precarietà a preoccupare il Libano, che sarebbe potuto implodere di nuovo da un momento all'altro.

Tra queste famiglie c'erano quelle che arrivavano da Yarmouk, il campo profughi palestinese di Damasco, reso celebre dal libro *Il pianista di Yarmouk*, che racconta la storia di Aeham Ahmad, un siriano-palestinese che aveva vissuto il lungo assedio del campo da parte dell'esercito libero siriano da un lato e da quello governativo dall'altro.

Con lui allora c'era anche Hana, una donna che incontrai a Shatila, nella sua piccola casa di due stanze. Hana era nata a Yarmouk circa quarant'anni prima, così come i suoi genitori, mentre i nonni erano profughi palestinesi del 1948, cacciati dalla loro terra nel Nord della Palestina, vicino al Lago di Galilea. Anche lei come Abdallah si era fermata nel Golan per alcuni anni, nella speranza di tornare a casa, ma poi aveva optato per Damasco, dove c'erano più possibilità di lavoro.

«La vita in Siria era migliore, stavamo in un campo profughi che però ormai era diventato a tutti gli effetti un quartiere della città» esordì Hana poco dopo averci accolto con i suoi due figli più piccoli, che avevano passato metà della loro vita in quelle due stanze spoglie. I suoi figli più grandi erano rimasti in Siria, uno era un giovane dirigente di banca a Damasco, l'altro stava finendo la specializzazione in Economia all'università.

«Molti parlano male del presidente Bashar, ma per noi lui ha fatto tanto, benché fossimo palestinesi siamo stati trattati come siriani. Ce ne siamo andati a causa dei terroristi.» Le parole di Hana mi spiazzarono, era la prima volta che sentivo una siriana parlare bene di Bashar al-Assad, il dittatore che avevo conosciuto attraverso il racconto delle centinaia di siriani incontrati lungo le rotte migratorie, che mi avevano riferito di torture, abusi, repressione e totale assenza di libertà.

Ma il mondo è complesso e molto stratificato: quello che per la maggioranza della popolazione è un criminale, è la stessa persona che magari ha permesso ai figli di una minoranza di studiare gratis fino all'università e di emanciparsi.

«Mio figlio maggiore non viveva nel campo, con la laurea e il lavoro in banca si era comprato una casa in un quartiere diverso, cosa che spero potrà fare anche il secondo, che è rimasto con lui. Invece, quando arrivammo qui fu uno shock: non c'era emancipazione, non c'era possibilità di emergere, non c'era possibilità di fare nulla che non fosse nel campo. I miei figli non vanno a scuola da quattro anni.» La voce di Hana si spezzò, non doveva essere stato facile passare da una casa dignitosa, con i figli che studiavano e si realizzavano, a quelle due stanzette grigio cemento, senza pittura ai muri, senza un letto e una cucina, i cui unici arredi erano delle brandine e un fornello da campeggio. Il marito faceva il muratore a Beirut: senza documenti e senza uno status di rifugiato non era possibile trovare altri impieghi e, anche in possesso di documenti, ai palestinesi erano preclusi tutti i lavori pubblici, non solo quelli nelle amministrazioni, ma in generale tutti gli impieghi che prevedevano il contatto con il pubblico, come il tassista, per esempio. Le stanze in cui viveva Hana con il marito e i figli costavano molto perché con l'arrivo di migliaia di siriano-palestinesi, nel campo c'era sempre meno spazio e i prezzi erano saliti.

«Ci aiuta mio figlio, altrimenti non sapremmo come fare, ma dobbiamo andare via da qui, voglio far studiare i miei figli piccoli e soprattutto voglio che possano uscire in tranquillità. A Yarmouk lasciavamo la porta aperta, qui ho paura persino di mandarli a prendere il latte» si

T90
جوال

GAZA RESIST

Sports World
BARRUS

שיבנה
בית המקדש

صابون
FRUT

الفاتحة
الشهيد باذن الله
احمد عاطف عواودة
2023/10/8

sfogò Hana, come se avesse bisogno di farlo da molto tempo. Mi raccontò poi di come la sua infanzia fosse stata felice, «povera ma felice». La sua era una famiglia numerosa con tanti fratelli, eppure non le era mancato nulla. E Yarmouk era stata come una famiglia allargata dove anche i bambini potevano andare in giro o a scuola da soli senza problemi. Aveva iniziato a lavorare a sedici anni, subito dopo la fine degli studi, per aiutare in casa, ma si considerava comunque fortunata: per lei studiare fino a quell'età aveva rappresentato un passo in avanti rispetto ai suoi genitori e ai suoi nonni.

In Siria per la sua famiglia l'ascensore sociale aveva funzionato fino all'inizio della guerra, con il primo figlio laureato in Economia e dirigente di banca e il secondo che stava seguendo le sue orme. Poi tutto si era bloccato, e ora i suoi gemelli di nove anni non avevano mai frequentato la scuola e da quattro anni vivevano in Libano senza documenti.

«Ci mancano i nonni, quando eravamo a Yarmouk li vedevamo tutte le settimane» mi disse a un certo punto Hassan, il gemello maschio. E prendendo coraggio, proseguì: «Io qui ho pochi amici e spesso sto chiuso in casa, cosa che non succedeva mai prima». Per Hassan, nonostante abbia solo nove anni, c'era un prima e un dopo, come per tutti i profughi. Il prima era quello di una casa comoda, di una vita bella, magari anche idealizzata dalla distanza, e degli affetti. Il dopo era una sorta di limbo di solitudine, senza punti di riferimento, pur appartenendo a una grande famiglia. Avevo ascoltato in quegli anni tante, troppe, storie simili.

Hassan in poche parole aveva aperto una discussione sui non detti: scegliere se vivere una vita sospesa lì, a Shatila, o tornare nella Yarmouk distrutta e ancora assediata. Ma tornare indietro in quel momento era impossibile, soprattutto perché chi rientrava dopo aver vissuto all'estero veniva arrestato dal regime e incarcerato per almeno sei mesi in quanto sospettato di essere una spia o un combattente jihadista o dell'opposizione laica. Quel regime che aveva dato tante possibilità alla famiglia di Hana non sarebbe stato più loro amico, gli avrebbe mostrato il volto che avevano conosciuto gli oppositori.

Essere profughi spesso vuol dire percorrere una strada a senso unico.

Ma da Shatila era possibile uscire, come mi dimostrò Marwa, che lavorava per la Mezzaluna rossa palestinese e mi aveva fatto da interprete in quei giorni nel campo. Marwa era nata qui nel 1994, aveva fatto prima le scuole dell'UNRWA, poi con delle borse di studio era riuscita a frequentare il liceo e l'università a Beirut. «C'era sempre lo stigma di venire dal campo, lo vivevo ogni giorno, ma ho continuato a studiare, e per me è stata una vittoria» mi raccontò mentre camminavamo nei vicoli fatti di cemento e fili elettrici sospesi. Tanti la fermavano, soprattutto i bambini dei progetti che seguiva o i loro familiari, e lei scambiava due parole con tutti, tra le urla di venditori ambulanti e i clacson, ai quali si capiva che erano abituati.

«Studiare il pomeriggio a casa era difficile, i rumori arrivavano fin dentro la mia stanza e concentrarsi era complicato, soprattutto ai tempi dell'università, ma qui i rumori fanno parte dell'atmosfera» scherzava mentre continuavamo a passeggiare per il campo. Finché arrivammo su una piazza sterrata, al centro c'era un grande cartello che ricordava il massacro del 1982. Restai deluso alla vista del luogo: somigliava più a un brutto parcheggio che a una piazza, e quel memoriale scarno che aveva di fronte non era un vero e proprio monumento. Marwa aveva cominciato a lavorare come volontaria con la Mezzaluna rossa ai tempi del liceo e poi dell'università, questo l'aveva indirizzata nella scelta degli studi e favorita quando si era presentata l'occasione di lavorare con loro.

Con i primi stipendi aveva preso in affitto una casa a Beirut, dove viveva ancora con suo marito.

L'ascensore sociale, dunque, ogni tanto passava anche tra i palestinesi in Libano.

4

Il mare e la rabbia

(2018)

I pescatori

«*Subhânaka Allahumma wa bihamdika, wa tabâraka ismuka, wa ta'ala jadduka, wa la ilâha ghairuk.*»

La chiamata alla preghiera dell'alba risuonò negli altoparlanti delle moschee e delle caserme, e la città si svegliò con le prime luci del sole che arrivavano da oltre il muro, dove ai gazawi non era consentito andare ma solo guardare, come un gruppo di ergastolani in attesa di una libertà che non sarebbe arrivata mai. Le distese verdi delle campagne israeliane erano invase dalla luce calda che poco prima aveva toccato l'altra parte della terra di Palestina, la Cisgiordania. Ma c'era qualcuno che il sole lo vedeva meglio degli altri: i pescatori che si dirigevano verso il porto di Gaza al termine di una lunga notte di lavoro mentre tutti gli altri stavano per cominciare la giornata.

Le albe a settembre del 2018 a Gaza erano simili a quelle del 2016 e del 2014, ma avevano anche qualcosa di diverso: il lungomare di Gaza era stato completamente ricostruito, c'era una nuova scritta, I ♥ GAZA, proprio nel punto in cui tanti bar e chioschi vendevano caffè e bevande sul mare. Gaza mi apparve quella mattina ancora più viva, e proprio sul lungomare, nei giorni successivi, vidi sfrecciare cortei nuziali con tanto di clacson strombazzanti e, a volte, anche carretti che trasportavano casse da cui fuoriusciva la musica.

Ero tornato a Gaza per continuare a raccontare questo pezzettino di terra così pieno di contraddizioni, questa volta con il CISS, una ONG italiana che lavorava da anni a Gaza. Insieme alla palestra popolare di Palermo e a quelle romane del Tufello e di Quarticciolo, avevamo elaborato un progetto di pugilato per ragazzi e ragazze, che intendevamo realizzare soprattutto nelle palestre dei campi profughi.

A Gaza tutto è eccessivo e niente è banale.

Se gli amanti della pesca dalle nostre parti avevano passato una tranquilla nottata in barca a pescare o magari avevano fatto una levataccia per andare in spiaggia o su qualche scoglio a gettare l'amo della loro canna da pesca, a Gaza in questa attività di ludico non c'era nulla, avendo a che fare con la sopravvivenza.

Tuttavia la magia del sole che sorgeva alle spalle di quella terra contesa e sognata non potevano cancellarla nemmeno i proiettili delle mitragliatrici che ogni notte, ma quella appena passata in particolare, sfioravano o colpivano le barche che vidi entrare in porto in quel momento, e poi dirigersi verso la svettante bandiera palestinese, visibile anche a chi in quel momento, a nove miglia di distanza, stava imponendo un blocco navale.

La pesca a Gaza non è banale perché ha a che fare con l'assedio militare, che non solo circonda e reclude oltre due milioni di persone in soli trecentosessantacinque chilometri quadrati, ma li costringe alla fame. Questa attività, come tutte le altre, sono controllate direttamente o indirettamente dall'esercito assediante, quello israeliano, che decide di volta in volta cosa si può fare e cosa non si può fare, e spesso anche il come.

Nove miglia corrispondono a quasi quattordici chilometri e mezzo, in mare sono una distanza breve che può essere coperta da un gommone veloce in meno di mezz'ora. Ma un peschereccio può impiegare anche un'ora a percorrerla, che in quel momento era il tempo di navigazione massimo consentito da Israele per la pesca. In altri momenti erano sei miglia, in altri ancora quindici.

Per le convenzioni internazionali si considerano acque territoriali quelle entro le dodici miglia dalla costa. Sempre secondo le convenzioni internazionali le acque di competenza sono quelle comprese tra le dodici e le ventiquattro miglia dalla costa, e, anche se non sono più considerate territoriali, le autorità possono comunque chiedere alle imbarcazioni presenti nell'area di recarsi in porto per accertamenti. Questo vale per il mondo normale, quello che conosciamo noi. A Gaza tutto questo non vale, non esiste il diritto internazionale neanche in mare e l'assedio si manifesta con scelte arbitrarie. Non c'è un motivo specifico se la fisarmonica si stringe o si espande, c'è solo la volontà di rimarcare che c'è qualcuno che comanda e qualcuno che subisce. Le comunicazioni arrivano senza preavviso e i pescatori, così come l'autorità marittima palestinese, si devono adeguare. Ma non è solo un numero a cambiare, perché, per ogni miglio sottratto, diminuisce la possibilità di pescare quantità di pesce sufficiente al sostentamento.

«La mia famiglia ha sempre pescato, avevamo quattro barche e vivevamo bene» esordì Ahmed, mentre scaricava dalla barca qualche cassetta piena di pesce. «Eravamo liberi di andare al largo, di sceglierci una zona, e di queste cassette ne riempivamo a decine ogni giorno. Lavoravamo noi della famiglia e avevamo anche dei dipendenti. Eravamo in tanti ma c'era posto per tutti.»

Il sole iniziò a farsi più caldo e forte, l'effetto luminoso sulla bandiera palestinese svanì e attorno a noi molte altre barche attraccarono. Ahmed e gli altri pescatori vendettero il pesce sul posto, c'erano i grossisti che contrattavano in modo molto scenografico: sventolando i soldi con una mano e spostando con l'altra i pesci nelle cassette per valutarne la qualità.

«Il problema è che peschiamo sempre lo stesso pesce, questo va bene da fare arrosto, ma ci puoi fare poco altro» mi disse Ahmed mentre osservava suo fratello portare avanti la trattativa. E aggiunse: «Durante i mesi della riproduzione ci fermiamo, i pesci sono talmente pochi in questo pezzetto di mare che se non lo facessimo non ci resterebbe più nulla».

La sua barca era lunga poco meno di venti metri, vecchia e malmessa come tutte le altre. «È quello che mi resta del lavoro di un tempo, adesso nessuno può permettersi di comprare un peschereccio nuovo.»

Ahmed mi spiegò che, oltre al blocco navale, i pescatori avevano il problema del carburante. In alcuni momenti scarseggiava ed era molto costoso, in altri era più facile da reperire. «Io ho una cantina piena di carburante, una piccola scorta che compro quando costa meno e che uso quando Israele decide di non farlo entrare» mi disse.

Delle quattro barche che aveva gli restava solo quella, ne aveva poi un'altra piccolina, da sei metri, per le attività più veloci sotto costa e per fare la spola in caso di necessità tra il porto e l'imbarcazione più grande.

Oggi, a Gaza, le barche per la pesca sono molto meno rispetto al passato, che ne contava tantissime; i materiali con le quali erano state costruite, però, sono stati riutilizzati tutti. Perché tutto a Gaza è sopravvivenza.

Lungo le paratie, infatti, vidi i segni dei colpi di artiglieria leggera che usano gli israeliani, cinque a tribordo, quattro a babordo. Sono state riparate alla bell'e meglio, in attesa del prossimo buco.

«Abbiamo rischiato di affondare due volte, altre siamo riusciti a chiudere abbastanza velocemente i buchi. Ormai giriamo con stracci e qualsiasi cosa possa tappare un foro in modo da avere almeno il tempo di raggiungere il porto» mi spiegò Ahmed quando gli chiesi come facevano quando venivano colpiti. Da oltre un mese erano tornati a sparare con maggiore frequenza, mi disse Ahmed, e quella notte due imbarcazioni erano state costrette a rientrare in porto a causa dei colpi, cosa che avveniva praticamente ogni giorno.

Era questa, insieme alle restrizioni delle zone di pesca, una delle tante ripercussioni della marina militare israeliana per le manifestazioni organizzate al confine dai civili per il diritto al ritorno dei palestinesi e per la fine dell'assedio.

Seguivo i pescatori da anni e questo problema c'era sempre stato, ma una media di due pescherecci colpiti a notte era davvero alta.

Tramite l'Associazione dei pescatori di Gaza e l'Autorità marittima della Striscia avevo concordato una notte in barca con Ahmed, volevo documentare da tempo quello che avveniva in mare, date le tantissime volte in cui l'avevo fatto dal porto o dalla spiaggia.

«Sei sicuro?» mi chiese mentre ci dirigevamo nel punto in cui ci saremmo rivisti la sera per imbarcarci.

Gli dissi di sì, che non c'era nessun problema. «Gli spari li ho messi in conto da tempo» aggiunsi.

A quel punto Ahmed dettò una serie di regole molto restrittive su come mi sarei dovuto comportare a bordo. Non era la prima volta per me su un peschereccio, ma lo era in quel contesto.

«Assolutamente niente luci, saremmo un bersaglio troppo facile. Quindi niente flash, ma nemmeno luci continue. Se vuoi fotografare, dovrai farlo al buio» questa era la regola fondamentale. Le altre erano più o meno quelle che avrei dovuto osservare a bordo di qualsiasi altra imbarcazione, tra cui l'essere pronto in qualsiasi momento «a buttarti giù se te lo dico io». A bordo c'erano anche dei sacchi di sabbia, che avrei potuto usare come barriera in caso di necessità.

Dissi ad Ahmed che avevo capito, lui sembrò subito soddisfatto, ma poi in tono duro aggiunse: «Non portiamo mai con noi a pesca i giornalisti stranieri, questa è un'eccezione».

Il messaggio era chiaro, intendeva dire: «Ci stiamo fidando di te, non fare cazzate».

Annuii serio.

Ci scambiammo il numero di telefono: ci saremmo sentiti verso le 17, quando loro iniziavano a prepararsi per l'uscita.

Con la prospettiva di uscire a pesca quella sera, la giornata assunse un sapore particolare: non dovevo stancarmi, né uscire da Gaza City e rischiare di essere intrappolato. Aspettavo quel momento da tempo, esattamente da quattro anni, da quando, nel 2014, buona parte della Striscia era stata rasa al suolo e tutto si faceva con difficoltà. La guerra era finita da qualche settimana e tra le poche cose che funzionavano c'era il porto, nonostante i bombardamenti sulla parte che adesso era adibita a mercato del pesce.

Ricordo che la sera, dalle grandi finestre del palazzo in cui alloggiavo e che affacciavano sul mare, restavo a lungo a osservare le luci dei pescherecci, le uniche accese in tutta la Striscia, luci che per me rappresentavano la resistenza all'assedio, la vita nonostante tutto.

Siccome l'elettricità nelle case era poca, si andava a dormire presto, osservando i ritmi del sole e della luna. E ogni mattina, prima dell'alba, m'incamminavo al porto, che si trovava proprio sotto casa. Entrare al porto equivaleva per me a immergermi in un'altra dimensione, e a distanza di quattro anni il sentimento non era cambiato. Il porto di Gaza rappresentava un mondo a sé stante, anche rispetto alla stessa Gaza. Barche che entravano e uscivano, reti perennemente da sistemare, cassette da scaricare. Detto così potrà sembrare un porto qualsiasi, e a guardarlo sulla cartina sembra uno dei tanti che affacciano sui nostri mari, quelli del Mare Nostrum, che ci unisce e ci divide da millenni. Ma il porto di Gaza era diverso, essendo sotto assedio, era un micromondo imposto da un blocco navale a poche miglia di distanza dalla costa e dove non si poteva stare tranquilli nemmeno nella zona di pesca consentita dall'occupante.

Gaza è unica sempre e anche la pesca si era trasformata in resistenza.

La telefonata arrivò un'ora prima del previsto e la cosa mi mise in allarme.

«Hai saputo cos'è successo?» mi chiese Ahmed dopo il saluto di rito.

«No» gli dissi secco. Non parlando arabo non ascoltavo la radio, la fonte principale di notizie nella Striscia.

«Hanno ucciso un pescatore e ne hanno ferito un altro, sono arrivati poco fa a terra. Stanotte non si esce, saremo alla veglia e con l'associazione abbiamo deciso che non potrai più venire con noi almeno per qualche giorno, forse una settimana.»

Provai a spiegargli che la settimana dopo sarei stato a Gerusalemme, che i permessi per Gaza stavano scadendo e che sarei dovuto rientrare a Roma a breve. Ma a lui tutto questo non interessava. Già la mattina mi aveva fatto capire che per me stava facendo un'eccezione e ora, con un morto ancora caldo, non se la sentiva proprio di assumersi la responsabilità di portarmi con sé. Mi sentii stupido a insistere, quindi smisi di farlo.

«A che ora sono i funerali?» chiesi, cambiando discorso.

«Domani mattina alle dieci, se vuoi andiamo insieme.»

«Volentieri.»

«Però non fare foto, è vero che in qualche modo è un martire, ma la famiglia è molto riservata.»

«Certo» lo rassicurai.

Cercai notizie online su quanto era appena avvenuto. Chiesi anche a Sami di informarsi sulla dinamica dei fatti. Andò così: i due uomini erano usciti in mare per pescare di giorno, i militari si erano avvicinati intimandogli di rientrare, cosa che fecero, ma mentre si allontanavano i militari gli avevano sparato, inseguendo il peschereccio fin quasi dentro il porto, cosa piuttosto inusuale. Il pescatore che aveva perso la vita si chiamava Abu Omar e faceva parte dell'Associazione dei pescatori, la stessa di Ahmed.

Decisi di andare al porto per vedere se fosse in corso qualche manifestazione pubblica e com'era il clima tra i pescatori. Non era la prima volta che accadeva, ma ogni volta era come se lo fosse. La resistenza qui passava attraverso l'esercizio quotidiano della vita e questo voleva dire crederci fermamente, nella vita. Anche quando ti sparavano addosso ogni giorno, anche quando l'espressione più alta di libertà, il mare, diventava un recinto fatto di onde miste al metallo dei proiettili che partivano dalle motovedette israeliane.

Io, che a causa di un'allergia non mangio il pesce e mi dà fastidio anche solo l'odore nel piatto, avevo sempre visto i pescatori a Gaza come una delle forme più alte di resistenza. Le lampare, che ogni notte diventavano stelle che si univano a quelle di un cielo sotto assedio, dando vita a uno spettacolo di luci per chi stava a terra, sembravano dire: «Prima o poi passerà». Poi la mattina con il sole svaniva tutto, e sarà per questo che prima dell'alba me ne andavo al porto, per godermi gli ultimi momenti di quello spettacolo che qui si trasformava in speranza. La speranza che quella notte sarebbe mancata.

Tango di Said

Non pensavo che si potesse ballare il tango da soli, con una rete da pesca in mano. Eppure lo vidi fare la mattina seguente, quando come sempre prima dell'alba arrivai al porto e le barche erano tutte ferme e allineate, senza luci. Nessuno era uscito quella notte. L'atmosfera era mesta, il funerale sarebbe stato celebrato qualche ora dopo. I pochi pescatori presenti stavano sistemando delle reti a maglie strette più adatte a pescare a riva, dove la richiesta di pesce è superiore alle disponibilità in quel tratto di mare.

Più della metà della popolazione di Gaza viveva sotto la soglia di povertà e i prodotti che entravano via terra passavano tutti attraverso il valico di Kerem Shalom, il checkpoint commerciale israeliano. Quindi era l'assediante a decidere cosa e quanto doveva mangiare l'assediato. La pesca, anche se limitata dal blocco navale, era una delle poche risorse interne di cui potevano disporre i gazawi.

Visto che quel giorno non c'erano barche in mare, ne approfittai per andare a parlare con alcuni pescatori in spiaggia. Li avevo visti molte volte pescare sulla battigia che corre da Gaza City verso Deir el-Balah e oltre, ben distanziati l'uno dall'altro. Con me c'era Jumana, avevamo cenato insieme la sera prima e si era offerta di accompagnarmi per farmi da interprete. Così, alle sei del mattino, eravamo già operativi in spiaggia, per cogliere la luce migliore. I primi pescatori che incontrammo erano molto concentrati, così preferimmo non disturbarli e proseguire finché uno di loro, appena arrivato e incuriosito dalla macchina fotografica, ci venne incontro e attaccò bottone, si chiamava Said.

«Ho lavorato per quindici anni per l'Autorità nazionale palestinese, ma come tanti altri a un certo punto sono stato costretto a cercare un altro lavoro. La crisi economica che ha investito l'ANP e il continuo braccio di ferro tra il presidente Abū Māzen e Hamas ha portato prima alla riduzione degli stipendi e poi al licenziamento. Quindi mi sono dovuto inventare qualcosa. Mi piaceva pescare, e così ogni giorno vengo qui e cerco di prendere qualcosa da mettere in tavola.» La storia di Said, quarantasei anni, era la stessa di tantissime altre persone, nella sua voce non c'era rabbia ma solo rassegnazione per essere nato e cresciuto in uno dei luoghi più difficili della Terra. Aveva voglia di parlare, di raccontarsi, ma era sorpreso dal mio interesse per la sua attività. Jumana gli spiegò che seguivo da anni i pescatori di Gaza, che mi interessava il blocco navale, che la consideravo una forma di assedio più nascosta ma molto aggressiva.

«Non hai mai visto pescare in questo modo?» mi domandò sorpreso quando gli chiesi di spiegarmi come funzionava la sua rete. La teneva per una piccola corda e quando era aperta sulla sabbia sembrava un incrocio tra una medusa e un vestito da sposa, ne avevo viste tante così da quelle parti. Mi disse che avrebbe fatto prima a mostrarmi come funzionava che a spiegarmelo, e così in pochi minuti ci ritrovammo con l'acqua fino al petto. Io lo seguivo con la macchina fotografica, stando attento a non bagnarla, mentre lui si guardava intorno in silenzio e all'improvviso lo vidi flettersi leggermente all'indietro per dare slancio alle braccia: la rete si aprì, tonda, perfetta, e sparì in acqua. Non so cosa avesse visto Said, anche perché l'acqua non era particolarmente pulita e per me era impossibile vedere quel che c'era sotto, ma forse lui era abituato e ci riusciva. Poco dopo tirò su la rete, la trascinò a riva, ma dentro non c'era nulla.

Una smorfia appena percepibile sul volto di Said tradì un sentimento di delusione misto a rabbia. Ma non disse nulla, si mise subito ad allargare la rete sciogliendo a uno a uno i nodi che si formavano a ogni lancio tra le maglie.

Con la mano destra teneva la corda mentre con l'avambraccio sollevava leggermente la rete prendendola a metà. Poi lo vidi fare una piroetta, lasciandola scivolare delicatamente dal braccio sulla spiaggia. Ma alcuni nodi alle estremità non si erano ancora sciolti. Così riprese la danza, stavolta facendo due piroette, prima di dirigersi verso le onde. Io lo seguii deciso, questa volta più che a scattare fotografie a cercare di vedere i pesci in quell'acqua verde scuro. Stetti in silenzio, immobile, respirando appena per paura che ogni mio minimo movimento potesse far scappare i pesci. Anche Said era concentrato, ma decisamente più tranquillo di me, stringeva gli occhi per mettere a fuoco meglio qualcosa che a me restava invisibile. Trascorsero alcuni minuti, forse quattro o cinque, poi di nuovo quel movimento improvviso e la rete si aprì in acqua al massimo della sua estensione.

Io non avevo visto nulla ma lui evidentemente sì, perché la sua faccia appariva soddisfatta, compiaciuta. Quando trascinò fuori la rete, infatti, dentro c'era un pesce. «Non è il massimo ma se lo fai alla piastra e lo condisci bene diventa buono» mi disse mentre lo afferrava. «Io però ho tre figli, e con questo non ci facciamo nulla. Spostiamoci...» aggiunse, avviandosi in direzione sud.

Passammo altri pescatori che usavano la sua stessa tecnica e che, come Said, stavano cercando di mettere insieme un pasto. Ci fermammo in un punto in cui non c'era nessun altro, neanche gli stabilimenti. Said stese la rete e ricominciò la sua danza. Mentre lo osservavo incantato mi venne in mente *El tango de Roxanne*, nella versione di José Feliciano, quella del film *Moulin Rouge.* Said stava danzando con la sua rete, come fosse una donna, che dopo ogni lancio gli chiedeva di ballare ancora e ancora di nuovo.

Quando entrai in mare, sentii che l'acqua aveva una consistenza diversa, anche l'odore era molto forte, e andando avanti diventò puzza. Eravamo immersi nella merda di Gaza, in senso letterale. Said aveva scelto di pescare a pochi metri dal canale di scolo della fogna della città. Rise vedendomi titubante. «Qui i pesci trovano da mangiare, perciò ce ne sono di più…» mi disse.

Eppure un depuratore delle acque c'era fino a poco tempo fa, ricordavo di averlo visto in funzione ancora nel 2016, ma poi era stato bombardato e come molte cose a Gaza era rimasto così, mezzo rotto, per mancanza di pezzi di ricambio. Continuai a seguire Said immerso nella melma, stando solo attento a non farmi arrivare le onde sul viso e in particolare in bocca, mentre lui riprendeva la seconda parte del tango: l'attesa del momento giusto, prima del casqué. Stavolta prese tre pesci, tutti più grandi del primo. «Vedi… avevo ragione.»

Gliela diedi, anteponendo alla nostra idea di pulito e sporco, di sano e malato la sopravvivenza sua e della sua famiglia. Se non mangi non serve a niente essere pulito, se muori di fame è inutile essere sano.

Tornammo a riva, zuppi di acqua sporca, mentre Jumana ci guardava con un'espressione che esprimeva disgusto ma anche divertimento.

«Da quanto tempo fai questo lavoro?» gli chiesi prima che riprendesse il tango.

«La pesca? Dal 2015, da quando l'ANP ci ha tolto gli stipendi.»

«E quanto peschi di media?»

«Quello che mi basta: per oggi, se ne prendo un altro, sono a posto. Siamo in cinque in famiglia, uno a testa. Domani me ne serviranno altri cinque, ma non ha senso prenderne dieci oggi. Ce ne sono pochi in questo mare, e poi noi non abbiamo nemmeno il frigorifero.»

A casa di Said, come in quasi tutte le case di Gaza, o non c'erano frigoriferi o non li potevano usare: con solo quattro ore al giorno di elettricità il cibo non si sarebbe comunque conservato.

Said veniva da Jabalya, uno dei campi profughi più poveri di Gaza e il lavoro con l'ANP per anni era stato la sua salvezza.

Gli chiesi cosa si aspettava dal futuro.

«A quarantasei anni qui sei già vecchio. Non c'è lavoro per i giovani, figuriamoci per uno della mia età» mi disse ridendo.

Dei suoi tre figli, i primi due lavoravano mentre l'ultimo stava finendo la scuola e la famiglia sopravviveva anche grazie al sostegno dell'UNRWA, l'agenzia delle

Nazioni Unite per i rifugiati palestinesi. A Jabalya praticamente tutti ricevevano beni dall'UNRWA, era un campo profughi storico, dove nessuno era originario di Gaza, che si era formato durante la Nakba del 1948 e l'ondata dei profughi del 1956.

«Se ti va, ci vediamo dove ci siamo incontrati stamattina. Quello è il mio posto» mi disse Said mentre ci salutavamo.

Camminando sulla spiaggia sbirciai nei secchi degli altri pescatori in cui c'erano uno, massimo due pesci. Uno di loro, quando vide Said andare via, si spostò, optando anche lui per il canale di scolo delle fognature. In qualche modo bisognava pur mangiare. Io e Jumana ci saremmo rivisti nel pomeriggio per un caffè, ma ora avevo bisogno di una doccia.

La cena

Il caffè con Jumana si trasformò in una cena a casa di Rehaf, perché il padre, avendo saputo della nostra presenza a Gaza, aveva voluto invitarci assolutamente.

«Non potete dire di no, i miei genitori stanno già cucinando da due ore per voi» mi scrisse Rehaf alle 15. E aggiunse: «Vieni a stomaco vuoto ché mio padre ti riempirà il piatto almeno venti volte :)». Una previsione che a fine serata si sarebbe rivelata corretta. Mi presentai a casa di Rehaf alle 19 con Daniele Napolitano, amico e fotografo, e Meri Calvelli, che avevamo ritrovato qui e che ci stava ospitando nella casa dove si svolgevano le attività del Centro Vik. Ci raggiunsero anche Jumana e uno zio di Rehaf, e così la tavolata diventò davvero grande perché Rehaf oltre alla gemella, che viveva ad Abu Dhabi, aveva altre due sorelle e due fratelli. Il padre, un uomo di circa sessantacinque anni, decisamente in forma, ci accolse nella loro bellissima casa, una palazzina a sud di Gaza, in un quartiere residenziale abitato da famiglie benestanti. La palazzina, con un bel giardino intorno, grandi finestre di vetro colorato decorate a mosaico, bellissime, si sviluppava su quattro livelli, dove si trovavano gli appartamenti dei genitori, dei fratelli e le stanze di Rehaf e delle sorelle. A lato dell'ingresso principale c'erano delle scale che portavano sul retro dove c'era un garage e uno spiazzo in cui era stato allestito il tavolo per la cena.

Il padre di Rehaf, Ahmed, stava davvero preparando da ore, aveva acceso anche il barbecue per cucinare al momento verdure e carne.

«La nostra casa voleva comprarla il consolato francese, mi hanno offerto tanti soldi ma ho rifiutato» ci disse con orgoglio Ahmed, portando in tavola i suoi primi piatti, quando ormai eravamo quasi sazi perché la moglie nel frattempo ci aveva intrattenuto con diverse pietanze condite con salse buonissime. «Volevano farci la loro sede, di palazzine così a Gaza ce ne sono poche, avrebbero voluto mettere qui gli uffici e anche una residenza per il console» aggiunse Ahmed.

In effetti era la prima volta che a Gaza vedevo una casa così lussuosa, benessere e cibo a volontà.

«La mia famiglia è proprietaria di diversi immobili e attività, anche noi abbiamo problemi per via dell'assedio, ma sappiamo di essere fortunati rispetto alla stragrande maggioranza degli altri gazawi» mi disse Rehaf a tavola, intuendo i miei pensieri.

La sua famiglia era sempre stata vicina ad al-Fatah ma non aveva mai fatto affari con l'ANP, questo ci tenne a precisarlo perché sapeva quanto fosse naturale pensare subito alla corruzione che c'era attorno all'Autorità e ad Abū Māzen.

«Siamo tra i pochi originari di Gaza, non siamo profughi, non abbiamo perso tutto come è successo a tante persone qui. Il mio bisnonno era già benestante, mio padre ha sempre commerciato con l'Egitto e con altri Paesi, questo prima dell'assedio, ovviamente» proseguì Rehaf.

Mangiare in quella casa, in quel modo, pensavo fosse impensabile a Gaza, e invece stava accadendo. C'era lì un'altra particolarità: nessuna delle donne della famiglia portava l'hijab. Sapevo che Rehaf lo indossava solo quando era costretta o in situazioni pubbliche con molte persone, ma anche la mamma era senza, così come la sorella minore che aveva diciannove anni e che a metà cena si alzò da tavola dicendo che doveva uscire. «Ho un appuntamento con delle amiche... ciao!» ci disse, allontanandosi con jeans stretti, T-shirt e capelli sciolti.

Ahmed, che intanto su nostra richiesta aveva lasciato perdere per un po' il barbecue per raggiungerci a tavola, osservò: «All'età di Rehaf è impensabile che una ragazza non sia sposata, per me invece conta solo la felicità di mia figlia».

Sicuramente nei campi profughi a trent'anni le donne avevano già diversi figli, ma anche le ragazze che avevo conosciuto all'università nel 2014 si erano sposate quasi tutte subito dopo la laurea e molte di loro non lavoravano. La condizione economica e l'apertura mentale della sua famiglia consentivano invece a Rehaf di poter fare la vita che voleva, scegliendo liberamente se, quando e come fidanzarsi o sposarsi.

Le chiacchiere proseguirono fino a tarda sera, poi uno dei fratelli di Rehaf si offrì di riaccompagnarci a casa, per evitarci il taxi di notte. Ne approfittammo, visto che il giorno seguente avremmo dovuto seguire il progetto dei pugili, ed essendo venerdì ci sarebbero state le manifestazioni. Ci abbracciammo tutti ripromettendoci di rifare presto un'altra cena così bella e insolita a Gaza.

Il giorno della rabbia

Il canto del muezzin all'alba risuonò più forte e deciso del solito, forse fu un'impressione mia, forse era veramente una chiamata alla battaglia. Il venerdì nei Paesi a maggioranza islamica è un giorno di festa, di riposo, ma non quando si è sotto assedio, dove non c'è tempo per la festa, non c'è spazio mentale per il riposo. Da diversi mesi, ormai, il popolo di Gaza ogni venerdì si radunava sul confine per chiedere la fine dell'assedio e il diritto al ritorno del popolo palestinese, disperso per il mondo, rifugiato da decenni in terre che non gli appartenevano. Libano, Giordania, Siria, Egitto, ma anche Cisgiordania e la stessa Gaza: profughi interni ed esterni che avevano lasciato le proprie case nel 1948 o nel 1956, chiudendo a chiave e lasciando tutto così com'era, pensando che si trattasse di una battaglia passeggera, terminata la quale sarebbero potuti tornare. Invece nel 2018 erano ancora un popolo stanziale in ogni dove tranne che in quelle case, che nel frattempo erano state occupate dalle famiglie israeliane e poi dichiarate terra d'Israele.

L'aria era ancora fresca all'alba, in quei giorni di settembre in cui il caldo non ci aveva mai dato un momento di respiro, e la mancanza di verde non aveva aiutato. I gazawi andavano spesso in spiaggia o al porto a godersi un po' di vento e respirare, altrimenti si chiudevano in casa, con le tende tirate per proteggersi dal sole.

Avevo appuntamento al campo profughi di Deir el-Balah, a sud di Gaza City, con altri italiani, in una palestra dove si sarebbe tenuto un allenamento speciale di boxe con Giancarlo Bentivegna, pugile professionista, vincitore del titolo italiano e del Mediterraneo.

L'allenamento era più un'occasione di festa che altro, e con noi, a farci ancora una volta da guida, c'era Jumana, che oltre a lavorare e studiare era anche capitana della squadra di softball, campione in carica a Gaza.

«Finalmente siete arrivati, abbiamo decine di bambini felicissimi di incontrare un campione italiano, e anche alcune ragazze che vorrebbero allenarsi» ci disse Bilal, un uomo di quarant'anni, fisico asciutto, un passato da pugile e un presente tra i giovani del campo profughi.

Michela, pugile della Palestra popolare di Palermo, si mise ad allenare le ragazze.

«Questa cosa è pazzesca» si stupì Valentina Venditti del CISS (l'associazione dei consorzi per i servizi sociali) e ideatrice del progetto, riferendosi alle ragazze. Non era usuale, in effetti, vedere donne fare sport da combattimento, soprattutto in un campo profughi e in presenza di maschi, eppure le cinque ragazze presenti erano motivatissime e anche brave. Quando iniziò lo sparring, ovvero la simulazione del combattimento, serviva una sesta donna e Jumana si offrì, scoprendo che anche la boxe le piaceva.

Prima di pranzo io, Daniele Napolitano, Jumana e Sarah, un'amica comune, abbandonammo l'allenamento per andare al confine a manifestare contro l'assedio.

Migliaia di persone, un fiume di uomini, donne, bambini, anziani, si erano riversate lungo i campi che precedono la *buffer zone*, passando le reti solitamente invalicabili dove invece ora c'erano dei buchi. Da un TIR, allestito con delle casse, si propagava la musica e c'era persino una tettoia improvvisata dove gli anziani potevano ripararsi dal sole. Sembrava una festa di paese, una sagra allestita in un campo incolto. Non c'erano bandiere, e questa fu la conferma di quello che mi dicevano tutti quando chiedevo cosa pensassero di questo movimento. «Hamas non c'entra nulla, neanche Fatah. Siamo il popolo di Gaza.» Era vero.

In Italia, come spesso avviene, avevamo capito poco della Marcia per il diritto al ritorno dei palestinesi. Nell'eterno gioco che divide il mondo in buoni e cattivi, quel lato del confine rappresentava inevitabilmente la parte dei cattivi, perché chi c'è di più cattivo di Hamas? Israele invece era l'amico buono in una terra di selvaggi arabi senza democrazia, l'amico che assedia, occupa e detiene in modo illegale migliaia di prigionieri ma per il quale si chiudeva un occhio in nome di quell'amicizia di lunga data, in nome degli accordi economici e della manciata di voti che portavano le comunità ebraiche in Italia.

Israele era il buono, dunque, e questa gente, che chiedeva la fine dell'assedio e una vita dignitosa, il cattivo.

Se fossimo stati più attenti, avremmo capito che Hamas queste proteste aveva cercato prima di reprimerle e poi di cavalcarle, ma era stata respinta, e questo era avvenuto in un luogo dove la politica coinvolgeva tutti, dove quasi tutti avevano un partito di appartenenza, una casa politica e sociale nella quale rispecchiarsi. I gazawi, però, allora erano sfiancati da oltre dieci anni di assedio, il più lungo della storia, e Hamas non aveva più il consenso politico da molto, moltissimo tempo.

L'età media a Gaza è bassissima, come abbiamo già detto, un po' perché si muore presto e un po' perché si fanno tanti figli. Le ultime elezioni risalivano al 2006, quando la maggior parte dei presenti a queste manifestazioni erano poco più che bambini, cresciuti con un muro come orizzonte, come prospettiva di vita.

Quanto poteva durare ancora tutto questo?

In Italia fece notizia la morte di Yaser Murtaja, uno dei miei studenti al primo corso che tenni all'università di Gaza, un fotogiornalista di trent'anni ucciso dal proiettile di un cecchino agli albori di queste manifestazioni per il diritto al ritorno dei palestinesi. Il «Corriere della Sera» gli dedicò un taglio alto, riprendendo un post di Yaser, in cui scriveva: «Mi chiamo Yaser Murtaja, ho trent'anni, vivo a Gaza e non ho mai viaggiato», perché lui apparteneva a quella generazione che aveva passato metà, o anche di più, della sua vita chiuso dentro la Striscia, sotto assedio. Yaser aveva il giubbotto antiproiettile con la scritta PRESS in bella vista, eppure era stato colpito senza pietà. Aveva una moglie e una figlia piccola.

Il giorno prima della manifestazione ero andato insieme a Daniele Napolitano a trovare la sorella di Yaser nella sede dell'agenzia di stampa che aveva fondato insieme ad alcuni amici. Ricordammo il corso all'università e le raccontammo che a Roma, nel quartiere di Garbatella, c'era un murale con il volto di Yaser e di altri palestinesi uccisi.

Alla musica si alternavano gli interventi, che Jumana mi traduceva in tempo reale. Nessuno voleva la guerra, ciò che rivendicavano erano solo uno Stato palestinese, l'abbattimento del muro e la libera circolazione almeno in Cisgiordania. Chiedevano anche di poter riavere le loro case, pur sapendo che questo non sarebbe stato mai più possibile, perché lo Stato d'Israele se ne era appropriato e non avrebbe mai lasciato quelle terre.

Poi la musica riprese e il fiume di gente continuò a fluire. A un certo punto vidi arrivare anche gli *shebab*, ragazzi carichi di pietre e pneumatici, che proseguirono oltre il TIR in direzione della recinzione di confine. Fermai alcuni di loro per chiedergli se non avessero paura, visto che ogni settimana c'erano morti e feriti.

«Che differenza c'è tra vivere così e morire?» mi rispose uno di loro senza retorica.

«Davvero non c'è differenza?» chiesi, sentendomi stupido per quella domanda.

Anche gli altri concordarono nel sostenere che quella non fosse vita: avevano venti o venticinque anni e non erano mai usciti dalla Striscia di Gaza. Molti di loro venivano dai campi profughi, i quartieri più poveri della Striscia, dove la gente viveva soprattutto grazie agli aiuti dell'UNRWA.

Ma queste manifestazioni erano interclassiste, c'era anche la borghesia di Gaza, la stessa che prima del muro commerciava con l'Egitto e con Israele.

Proprio in quel momento tra i ragazzi dei campi profughi passò una donna con il burqa, la prima che incontravo da una settimana, con una sciarpa della Palestina al collo, una borsa Louis Vuitton a tracolla e in mano un iPhone di ultima generazione.

Questa è la complessità di Gaza che spesso faccio fatica a spiegare fuori di qui. Gli shebab si posizionarono a meno di cento metri dal confine. Scegliendo di proposito il punto in cui non c'era muro ma rete, in modo da farsi vedere, per affermare la propria esistenza. Questi punti senza cemento erano presidiati a vista, e in momenti normali camminare dove stavamo camminando noi in quel momento equivaleva a farsi sparare.

I ragazzi disposero gli pneumatici, appiccarono un fuoco per creare una barriera di fumo nero e ridurre la visibilità ai cecchini e alcuni iniziarono a lanciare pietre. Più che un assalto mi sembra l'estetizzazione di una battaglia o forse un moto di rabbia che aveva bisogno di essere espresso al di là del risultato.

Le pietre infatti cadevano appena oltre la rete, in una terra desolata e brulla dove non c'era nessuno a parte un paio di fuoristrada dell'esercito che si muovevano orizzontalmente rispetto al confine. Qualcuno usò una fionda del pastore, erede dell'antico *frombolo* che nell'antichità era una vera e propria arma, tanto che c'erano i frombolieri, soldati in grado di scagliare pietre o palle di acciaio a centinaia di metri di distanza. Per ironia della sorte, o forse no, il più famoso fromboliere della storia fu Davide, il secondo re d'Israele descritto nella Bibbia, quello che sconfisse il gigante Golia. In quel momento però Davide indossava una kefiah e in mano aveva una bandiera rossa, verde, nera e bianca. Davide era palestinese e Golia l'esercito più organizzato al mondo, nascosto dietro un orizzonte di terre brulle.

Ma per sconfiggere il gigante Golia serviva ingegno e questi piccoli Davide ora stavano facendo volare al di là del confine dei palloncini di carta di quelli che bruciano in volo. Come se dietro quell'ulteriore e innocuo gesto disperato ci fosse questo pensiero: Se il nemico non lo vedo almeno gli rovino la terra. Ma ormai dall'altra parte non c'era più nessuno su cui riversare la rabbia, anche i fuoristrada erano spariti.

La situazione mutò all'improvviso: dalla coltre di fumo nero degli pneumatici che fino a quel momento avevano protetto gli shebab sbucarono dei droni. Volavano bassi, sentimmo il ronzio prima di riuscire a vederli passare quella barriera nera: alcuni lanciavano lacrimogeni, altri proiettili. La folla si disperse, alcuni si gettarono a terra. Poco dopo sparirono per poi tornare, stavolta solo con i lacrimogeni. Probabilmente chi li guidava si trovava a qualche chilometro di distanza con un visore attorno agli occhi e vedeva solo una massa informe di persone che per lui rappresentavano un nemico da eliminare o disperdere. Poi i droni cominciarono ad arrivare da altre angolazioni, aggirando la coltre di fumo, e una cinquantina di shebab corsero verso la rete per vedere se ci fosse qualcuno. Da non più di venti metri dal confine, i ragazzi cominciarono a scagliare di nuovo i sassi, tanti, che caddero ancora una volta sulla terra brulla. Finché arrivò un rumore sordo, quello che cambiò tutto.

Pam!

Un suono ovattato, cui seguì una leggera eco.

Conoscevo quel suono e sapevo che potevo essere stato colpito. Chiusi gli occhi, per una frazione di secondo mi si gelò il sangue, poi li riaprii, mi guardai attorno e scorsi un piccolo cumulo di terra in grado di proteggermi. Mi gettai lì dietro.

«Tutti giù» urlarono in molti, soprattutto dalla prima linea.

Io ero più laterale e avevo una buona visuale della situazione, non mi sembrò che ci fossero feriti in quel momento.

Intanto arrivarono altri due colpi. Sentii le sirene delle ambulanze avvicinarsi, la situazione si fece più caotica. Molti si erano alzati in piedi, qualcuno stava provando a bruciare altri pneumatici per coprire l'intervento dell'ambulanza, ma ci voleva tempo per creare la barriera e a quanto pare l'intervento doveva essere fatto subito: uno degli shebab era ferito.

Mi spostai rapidamente da un punto a un altro, sapendo di essere sotto tiro. Tornando indietro di sessanta metri mi accorsi che i colpi provenivano da tre punti diversi. Io mi trovavo proprio sulla traiettoria di quello centrale, ma anche a destra e a sinistra la situazione era altrettanto pericolosa. Sopra di noi tornarono i droni, e il ronzio fu interrotto da un altro colpo. Stavolta ero scoperto, mentre arretravo di corsa delle grida si alzarono forte. Avevano colpito un altro shebab. Il caos si sparse in un attimo. Qualcuno si mise a lanciare sassi con maggiore forza nella speranza di colpire quel nemico reale ma invisibile, altri urlavano.

Dal TIR intanto chiedevano di mantenere la calma mentre insieme a me in molti cominciarono ad arretrare.

Alla fine lo scenario era questo: una folla che scappava dai cecchini, Sarah e Jumana che correvano insieme agli altri, dal TIR continuavano a chiedere di stare calmi e di tornare indietro, il suono delle ambulanze copriva tutto quel casino e in mezzo al campo su cui tutti correvano s'insinuò un elemento estraneo alla scena. Un uomo stava spingendo un carretto di granite verso il confine.

Il venerdì era un giorno di festa ma l'economia informale creava lavoro soprattutto nei momenti in cui c'erano così tante persone, e quell'uomo, incurante di tutto, si dirigeva verso il confine con il suo carretto. Mi fermai un attimo per osservare meglio la scena, la trovai struggente, e scattai una foto prima di rimettermi a correre.

Pietre e palloncini infuocati contro proiettili e lacrimogeni. Lo scontro andò avanti così per altre due ore. Il suono delle ambulanze era costante, come il loro andirivieni tra le tremila persone che si trovavano in quel punto.

Quando il sole iniziò a calare, trovammo un taxi per tornare a casa.

Quella sera Al Jazeera riportò che il ragazzo colpito vicino a noi si chiamava Belal Mustafa Khafaja, aveva diciassette anni ed era morto per una ferita al petto provocata dal proiettile del cecchino israeliano. I feriti erano circa duecento, mentre i partecipanti in tutto erano settemila.

I palestinesi uccisi in queste manifestazioni iniziate a marzo erano centosettantatré, i feriti migliaia.

Ma tanto che differenza c'era tra vivere in quel modo e morire?

Parte seconda

Cisgiordania
(maggio 2024)

5

Martiri nel deserto

Arrivo

«Motivo del viaggio?»

La domanda di routine all'aeroporto Ben Gurion di Tel Aviv scoperchia un vaso di Pandora che contiene anni di lavoro, di gestione della sicurezza ai limiti del paranoico e di pazienza, che ormai ho quasi perso del tutto.

«Per un libro...»

«Quindi avete il GPO...» domanda il poliziotto in borghese, riferendosi al visto giornalistico che non mi hanno concesso.

«Il GPO è solo per chi fa un lavoro strettamente giornalistico, nel tuo caso sei il benvenuto nel nostro Paese per il tuo progetto, non ne hai bisogno» mi aveva detto Sofia, una dipendente dell'ufficio stampa governativo, in risposta alla mia richiesta.

Che io fossi il benvenuto era ancora da verificare, visto che, nonostante una lunga spiegazione con tanto di email di Sofia stampata e di lettere di accredito di Rizzoli, ero ancora lì in attesa.

Il poliziotto sorride e si scusa per la lunga procedura che è costretto a seguire.

«Perché sei stato in Libano?» mi chiede mentre sfoglia la documentazione che gli ho fornito.

«Per lavoro, sono un giornalista, anche se questa volta il libro non è un lavoro prettamente giornalistico… come scrive Sofia». Scherzo, provando a giocarmi la carta del simpatico per uscirne indenne e velocemente.

«Quando ci sei stato?»

«Credo nel 2017…»

«Per quanto tempo?»

Sgrano gli occhi, sono passati sette anni, non posso ricordarmi tutti questi dettagli. Ma azzardo: «Forse una settimana? Sa, è passato così tanto tempo…».

Sfoglia ancora il passaporto e i timbri, spesso di Paesi non proprio amici di Israele, sembrano moltiplicarsi: Qatar e Turchia in particolare attirano l'attenzione del poliziotto.

Poi, sempre sorridendo, passa a compulsare il passaporto di Daniele Napolitano, amico e collega, che mi accompagna in questo viaggio. Anche per Daniele le domande si concentrano tutte sul Libano, dove lui è stato più volte.

Trascorsi circa quindici minuti dice esattamente quello che non vorrei mai sentire in queste situazioni: «Tengo i passaporti, voi andate pure a sedervi su quelle sedie, a breve arriverà una collega a farvi ancora qualche domanda». Ripenso con stizza a Sofia, al GPO rifiutato perché secondo lei sarei stato il benvenuto, so che ora ci aspetta una lunghissima sequenza di domande inutili.

Dopo altri venti minuti di attesa nell'aeroporto semivuoto, appare una ragazza alta, giovane, capelli lunghi castani. Indossa jeans, una camicia e una giacca lunga. Anche lei sorridente.

«Perché siete qui?», «Perché sei stato in Libano?» A ogni nuovo step si riparte da zero, i punti accumulati in precedenza svaniscono come in un videogioco in cui invece delle classiche tre vite c'è solo un possibile *denied entry* lungo dieci anni, senza la possibilità di contestare il verdetto di chi ha realizzato il gioco.

Io me la cavo stranamente in modo molto veloce, con poche domande e tanti rassicuranti sorrisi, è chiaro che la donna stia giocando a fare la poliziotta buona.

Poi però si rivolge a Daniele e gli dice di seguirla, entrano in una stanza e per oltre un'ora e mezzo non ho più notizie di lui. Siamo atterrati alle 22,30, è già mezzanotte e nel punto dell'aeroporto in cui mi trovo non c'è nessuno, a parte un poliziotto in divisa armato a circa trenta metri da me. Se qualcuno qui manovra le telecamere, penso, di sicuro ne avrà puntata almeno una sul mio smartphone, dove scorrono le immagini del genocidio in corso che loro stanno commettendo.

Instagram, rubrica telefonica, casella di Gmail e messaggi su WhatsApp: a Daniele rovistano ovunque in quegli armadi digitali in cui nascondiamo le nostre cose più intime. Ma finalmente, dopo oltre tre ore e mezzo dal nostro atterraggio, mi arriva un messaggio: «Ho finito, vado in bagno, ora tocca a te…».

Intanto la giovane poliziotta è già davanti a me, con lo stesso sorriso statico di tre ore prima.

«Perché siete qui?» mi chiede nuovamente.

Sono stanchissimo, sono le due di notte e non ne posso più di aspettare ma mantengo la calma, respiro e dico: «Per un libro…», cercando il mio miglior sorriso finto, sperando che lo sia almeno quanto il suo.

«Perché non avete il GPO?» Il mio sorriso svanisce.

Riprendo i fogli, le faccio vedere la maledetta email di Sofia, pensando al lunghissimo interrogatorio che mi aspetta, e invece dopo poco tutto finisce e vedo la giacca lunga della ragazza sparire dietro la porta di un ufficio.

Non so come, ma senza più una parola, alle due e mezzo siamo liberi, con i passaporti in mano: destinazione Gerusalemme Est.

Il deserto di Gerusalemme

Al risveglio, mi sento il personaggio di un racconto distopico: l'hotel in cui avevamo già alloggiato durante i viaggi precedenti è un luogo fantasma, la sala da colazione e il bel terrazzo, che affaccia sulla piazza adiacente alle mura della città vecchia, sembrano abbandonati da anni. Qui, fino a due anni fa, si facevano ricche colazioni in compagnia di molti altri ospiti, mentre oggi ci siamo solo io, Daniele e il gestore, e pare che non ci sia nessun altro a prendersi cura dell'hotel.

I piccoli ristoranti, i bar e i minimarket che danno sulla piazza non hanno clienti.

«Arrivate da Ben Gurion o dalla Giordania?» chiede il gestore alzandosi da una branda, posizionata dietro alla reception, su cui ha trascorso la notte.

«Ben Gurion...»

«Vi hanno fatto storie?»

«Sì, parecchie...»

«Per questo non viene più nessuno e qui chiuderemo tutti.»

Gerusalemme Est è irriconoscibile, nemmeno nei momenti peggiori della pandemia da Covid-19 la parte araba della città più contesa della storia era mai stata così deserta e triste. Il sole, nonostante sia sorto da poco, è già caldo, si preannuncia un bel venerdì di primavera. In altri momenti i residenti e i turisti avrebbero approfittato delle prime ore del mattino per visitare i luoghi sacri, date le molte confessioni che convivono in questo pezzettino di terra collinare, circondato da mura. La polizia israeliana presidia gli ingressi, in particolare la porta principale del quartiere arabo, quella di Damasco, dove oggi, per questioni di sicurezza, non fermano i tram che arrivano da Gerusalemme Ovest, la parte ebraica. Qui la questione palestinese, da sempre una questione politica, è diventata una questione di sicurezza, di ordine pubblico. Così è stata gestita negli ultimi anni da Bibi Netanyahu, e così oggi i palestinesi non sono più interlocutori politici, nemici da sconfiggere o gente che ha una prospettiva politica e statale diversa. Sono un problema di ordine pubblico, come se si trattasse degli ultras di una squadra di calcio o di manifestanti per una causa non ben identificata.

Bisogna chiudere le strade, aumentare i controlli della polizia, fermare i sospetti su base etnica, chiudere luoghi e renderli, come farebbero i governi europei, zona rossa.

Con la guerra a Gaza il turismo si è fermato, gli spostamenti dalla Cisgiordania per i palestinesi sono vietati e quindi il turismo interno, soprattutto religioso, è completamente fermo. Con l'odio in strada e l'aumentare delle tensioni nei quartieri arabi a causa dei coloni israeliani, gli arabi di Gerusalemme se ne stanno in casa.

Alle otto di un qualsiasi venerdì di due o tre anni fa la città vecchia sarebbe già stata viva, i bar aperti e il mercato in fermento. Oggi invece tutto tace e la sensazione di vuoto crea una duplice reazione di sgomento: per la bellezza di questi vicoli di pietra bianca, mai visti così bene in passato, mai ammirati nei loro dettagli perché sempre troppo affollati; e tristezza per il vuoto che trasmettono, per il sentimento di rassegnazione che aleggia nell'aria. Sento il rumore dei miei passi sulle pietre che trasudano storia, il respiro che si fa più affannoso percorrendo i vicoli in salita mentre lo spettacolo diventa sempre più desolante.

Nella parte cristiana della città l'unico negozio aperto alle otto e mezzo è quello di Alì, un sessantenne con i capelli corti e brizzolati, alto un metro e settanta, con la pancia che spunta dalla parte bassa di una polo grigia, che un tempo gli doveva essere stata molto meglio addosso.

Ci prepara un caffè e accenna qualche parola in italiano, imparata in anni di lavoro vicino al Santo Sepolcro, dove il turismo cattolico italiano non è mai mancato.

«No turisti, tutti a casa» esclama posando i caffè sull'unico tavolo presente sulla strada. Alì vive nella città vecchia, fa parte di quei palestinesi che si trovano sotto occupazione dal 1967, quelli che non hanno diritto alla cittadinanza ma hanno la carta d'identità israeliana. Queste persone invece del passaporto hanno un lasciapassare israeliano e un altro giordano, entrambi i Paesi non gli concedono la cittadinanza ma Israele gli dà la carta d'identità perché vivono in quella parte di città che lo Stato ebraico si è annesso in modo unilaterale, e che le Nazioni Unite considerano territorio palestinese.

Alì è un palestinese cristiano, come molti a Gerusalemme.

«Non ho diritto di voto, ho un foglio come quelli dei cani per andare all'estero, di fatto non ho nessun diritto e comunque ne ho molti meno di quegli ebrei che arrivano dagli Stati Uniti o da un qualsiasi altro Paese e si stabiliscono qui come fosse casa loro, anche se non c'erano mai stati prima» dice Alì dopo averci offerto pane e *za'atar* ed essersi seduto al nostro tavolo.

Nelle parole di Alì si percepiscono tristezza, rabbia e rassegnazione.

Molti altri negozianti hanno chiuso baracca. Resistono solo i bazar di souvenir perché non hanno merce che scade, e in qualche modo sperano ancora di venderla.

Alì invece vendeva hamburger, falafel, shawarma e omelette, ma adesso non ha clienti. Il suo locale si trova proprio davanti alla chiesa del Santo Sepolcro, un luogo che trasuda sacralità anche per chi non è credente. Tra queste mura, tra queste pietre, per secoli cristiani e musulmani, soprattutto, si sono contesi la Città Santa, combattendo in nome di Dio. Attorno a noi in poco più di mezz'ora passano appena una ventina di persone, tutti ebrei ortodossi o ultraortodossi che vanno verso il Muro del Pianto. Alcuni ci lanciano sguardi poco amichevoli, altri proseguono a testa bassa.

Negli ultimi anni un numero sempre maggiore di famiglie palestinesi è stato cacciato dalle loro case nei quartieri di Gerusalemme Est, come è successo a Sheikh Jarrah, dove nel 2021 sono state sgomberate ventotto famiglie. L'esproprio ha dato origine a un movimento arabo in sostegno dei palestinesi. La Corte suprema israeliana nel 2022 ha chiesto l'interruzione degli sgomberi e rimandato al ministero della Giustizia di occuparsi direttamente della situazione, ma per i giudici tutta la vicenda è una questione immobiliare, di compravendita tra privati. L'organizzazione Nahalat Shimon Ltd, società immobiliare con sede nel Delaware, legata alla destra israeliana, sta acquistando terreni e rivendica proprietà sulla base di una legge israeliana che consente ai suoi cittadini di reclamare vecchie proprietà possedute prima del 1948, cosa che invece non è concessa ai palestinesi che in quell'anno sono stati costretti a lasciare le proprie case e magari a spostarsi proprio a Gerusalemme Est. Hanno perso casa allora, la stanno perdendo anche oggi. Sono infatti di nuovo sotto sgombero e una mobilitazione come quella del 2021 non è più pensabile, essendo la popolazione araba ormai sfiancata dall'occupazione: la città anestetizzata e i coloni armati e impuniti sempre più presenti hanno creato la situazione ottimale per prendersi un quartiere importante della città. Anche l'amministrazione comunale adesso è con loro, dopo anni in cui i partiti laici avevano la maggioranza, oggi la società civile che li ha sempre votati sembra anestetizzata e alle ultime elezioni i partiti ebraici ortodossi e ultraortodossi hanno preso l'ottanta per cento dei voti, un plebiscito che sposta drasticamente gli equilibri in una città così complessa e frammentata.

Dopo Sheikh Jarrah probabilmente toccherà alla città vecchia, troppo importante per l'ebraismo per non appropriarsene.

«Abbiamo vissuto in pace per decenni, anche dopo il 1967, io ho molti amici ebrei e musulmani e qui abbiamo sempre collaborato. Vivo nella città vecchia da quando ero piccolo e dalla mattina alla sera sono sempre stato dietro al mio negozio. Di fatto ho passato quasi tutta la mia vita dentro queste mura, ma oggi non sono più sicuro che sarà così nel prossimo futuro. Guardati attorno, mi hai detto che ci sei già stato qui: tu lo vedi un futuro? Io no… non ci riesco.»

Sono le 9,30 e nel frattempo nella via in cui ci troviamo ha aperto un solo negozio di souvenir. Il rumore familiare delle grandi e vecchie porte metalliche mi ha dato per un attimo una sensazione di normalità in quel silenzio spettrale. Tutte le altre porte però restano chiuse.

Alì ci offre un secondo caffè quando arriva suo figlio Omar. È un ragazzo alto, longilineo, di circa venticinque anni.

«Sono stato alcune volte in Italia, ho degli amici a Roma» mi dice quando ci presentiamo. Studia Comunicazione e suo padre poco prima che arrivasse ci ha detto che vorrebbe mandarlo via da qui.

«Mai avrei pensato di desiderare che mio figlio vivesse lontano da questo luogo magico, ma oggi qui non è più al sicuro.»

Anche Omar vorrebbe fare un'esperienza di studio all'estero, sa che, in questo limbo in cui è nato e cresciuto, ormai non c'è molto da fare per lui.

Un tipo di turismo c'è ancora, anche se minore rispetto al passato: quello ebraico. Scuole europee o statunitensi, famiglie che vivono all'estero oggi vengono a visitare lo Stato ricreato dopo duemila anni di diaspora. Li vediamo scendere dai pullman velocemente, ansiosi di andare al Muro del Pianto, luogo sacro per loro, ultimo pezzo di quel tempio distrutto definitivamente dall'imperatore romano Tito nel 70 d.C. e che diede il via alla diaspora ebraica.

Eppure anche al Muro del Pianto l'affluenza è bassa: ci sono circa venti uomini in preghiera, una ventina di donne, e nel grande spazio antistante ci saranno meno di duecento persone in tutto. Senza turisti internazionali anche la parte ebraica risulta vuota.

Chiedo se posso andare nella Spianata delle moschee, dove si trova la moschea di al-Aqsa, terzo luogo sacro dell'islam, ma la polizia israeliana mi dice che «no, non è possibile, è chiusa da un po'», senza darmi altre spiegazioni. La spianata si trova esattamente sopra il Muro del Pianto, è il luogo dove ogni anno nel periodo di Ramadan la polizia vieta l'ingresso alla gran parte dei palestinesi musulmani, soprattutto agli uomini sotto i sessant'anni, ma dove gli ebrei ultraortodossi riescono a entrare per insultare, e spesso picchiare, uomini e donne musulmane.

Da questa spianata è partita la Seconda intifada, qui ha camminato Ariel Sharon, all'epoca leader israeliano dell'opposizione, che decise il 28 settembre 2000 di attraversarla con una scorta armata, una provocazione senza precedenti che però oggi sembra sdoganata, visto che il 3 gennaio 2023 la stessa cosa è stata fatta da Ben Gvir, ministro per la Sicurezza del governo israeliano e leader del partito di estrema destra Otzmà Yehudit, ovvero «Potere ebraico».

Risalendo per via Dolorosa, dove si svolge la Via Crucis, andiamo verso la Porta di Damasco, il cuore della parte musulmana. Il mercato ha preso vita, i mercanti di spezie e dolci invitano a comprare, ad assaggiare la loro merce. Qualche decina di persone scende dalla porta verso la moschea al-Khanqah, fino a due anni fa a quest'ora, per la troppa gente, sarebbe stato impossibile camminare o comprare qualcosa, oggi invece si può scegliere con calma.

Oltre il muro

Anche se la città è vuota di turisti interni e stranieri, a Gerusalemme il traffico nei giorni feriali è quello di sempre. Sono le macchine di chi la mattina arriva in città per lavorare e nel pomeriggio se ne torna a casa, o quelle dei residenti che si spostano all'interno e faticano a trovare parcheggio.

L'unica strada poco trafficata è quella che porta al checkpoint a sud, verso Betlemme, che in alcuni tratti costeggia il muro di separazione costruito da Israele. Il taxi ci lascia davanti all'ingresso pedonale. A pochi metri da noi si trovano i tornelli che con sinistro rumore metallico girano per farci entrare: nessuno controlla chi entra in Cisgiordania, all'IDF (Forze di difesa israeliane) non interessa evidentemente, il problema è quando devi fare la strada a ritroso e tornare a Gerusalemme, a quel punto i controlli passano per giovani soldati che a loro discrezione controllano chi vogliono e, sempre a loro discrezione, lo rimandano indietro.

Quando noi passiamo, però, non c'è nessuno in fila in senso contrario: sono le undici del mattino e dopo il 7 ottobre Israele ha deciso che l'orario di apertura del checkpoint è: 6-10. Dopo le dieci il muro non è più attraversabile da nessuno, neanche da chi come noi ha un passaporto straniero.

Il muro intanto ce lo lasciamo alle spalle, e davanti a noi appare una schiera di taxi, tutti fermi e con i motori spenti.

Conosco bene questo checkpoint, l'ho attraversato molte volte, ma non avevo mai visto un simile deserto intorno a me: di solito la fila per Gerusalemme era sempre lunga e i taxi andavano e venivano costantemente.

«Andate a Ramallah o a Hebron?» chiede il primo tassista della fila, pronto a partire, sperando in una corsa lunga che gli ripaghi la giornata di lavoro perso, ma purtroppo per lui la nostra destinazione è vicinissima: campo profughi di Dheisheh, a quindici minuti di macchina da lì. Costo della corsa: 20 shekel totali, che corrispondono a soli 5 euro. L'amarezza del tassista è evidente. «Questa oggi è la mia prima corsa, nessuno va più a Gerusalemme e nessuno viene più a Betlemme o in altre città della Cisgiordania» ci spiega.

Mentre parliamo costeggiamo il muro di separazione che in questi anni è diventato il simbolo del modello di segregazione che lo Stato d'Israele ha costruito nei territori palestinesi occupati. Alto otto metri, colorato con moltissimi murales, il muro è l'emblema delle storture di questo mondo, che lo ha talmente normalizzato da trasformarlo in meta di tour organizzati per vederlo e per ammirare le opere di Banksy e di altri artisti che lo hanno usato come una tela.

La torretta militare carbonizzata dalla resistenza del campo profughi di Aida è così da anni ormai, le proteste dei palestinesi da queste parti sono famose e sono iniziate ben prima che quei blocchi rettangolari di cemento venissero innalzati.

Aida è uno dei campi in cui la resistenza è di casa: qui tutte le famiglie hanno almeno un prigioniero politico o un ferito, se non un morto. Il simbolo del campo è quello della Nakba: una grande chiave sulla porta che ti introduce in un dedalo di vicoli che si sviluppano tra le costruzioni casuali nate dopo il 1948 e rimaste le stesse, il tipico limbo dei profughi che non hanno diritto al ritorno, neanche quando quella che era stata la loro terra è a pochi chilometri di distanza, appena dietro il muro. Qui, per molti anni, ogni notte l'IDF faceva irruzione e arrestava le persone, feriva e uccideva.

La resistenza ad Aida è stata combattuta con migliaia di raid notturni, con la caccia a ragazzi appena adolescenti. Ricordo una notte trascorsa qui nel 2014, gli spari e i combattimenti casa per casa non mi fecero dormire. «Questa è la normalità» mi disse un amico che oggi è in prigione da quasi due anni, arrestato al checkpoint perché aveva il visto di lavoro per Gerusalemme scaduto – non a causa sua ma delle autorità israeliane che non glielo avevano ancora rinnovato – ma aveva provato comunque a passare: per qualche giorno gli era andata bene, forse i soldati erano di buon umore, ma poi aveva incontrato qualcuno che aveva voluto punirlo, e da allora è un detenuto politico, senza un processo ma con fermo amministrativo che viene rinnovato ogni sei mesi, come per tutti i palestinesi. Il taxi prosegue, lasciandosi alle spalle il campo di Aida e la sua porta. Restiamo imbottigliati nel traffico.

«Perché andate a Dheisheh?» chiede curioso il tassista.

In Cisgiordania alcuni palestinesi sono informatori degli israeliani: spesso perché sono sotto ricatto per questioni personali, altre volte perché hanno bisogno di un permesso. Dheisheh è uno dei campi storici della resistenza e ancora oggi se un occidentale dice che sta andando lì a qualcuno potrebbe interessare la ragione.

«Facciamo un giro...» rispondo vago. Lui lascia cadere la conversazione.

Il campo di Dheisheh è nato nel 1949 per accogliere persone che venivano da cinquantasei villaggi diversi, all'epoca era una collina incolta, che oggi non si intravede nemmeno. Ci vivono quindicimila persone, in appena un chilometro quadrato, la densità è altissima tra vicoli che si sviluppano in discesa e in salita.

È stato interamente costruito dai profughi e, a parte i contributi della cooperazione internazionale, non è mai arrivato un aiuto esterno. Mattoni grigi a vista, murales e scritte ovunque che danno colore insieme ai manifesti commemorativi dei «martiri della resistenza», porte e scale nei luoghi più impensabili, perché l'urbanistica qui non è mai arrivata, e nemmeno un piano regolatore, e negozi nei vicoli con espositori colorati fuori. Dheisheh oggi si presenta così.

A gestire il campo è un comitato popolare nato nel 1996 e legato all'OLP, il contenitore politico del quale Yasser Arafat è stato fondatore e presidente, che ha combattuto per anni prima degli accordi di Oslo del 1993. Ci sono tutti i partiti a eccezione di Hamas e della Jihad islamica, che non hanno mai condiviso la base politica dell'OLP.

«Come vedi siamo ancora qui...» mi dice Yaser, un uomo che conosco da anni e che fa parte del comitato. L'ultima volta avevamo parlato delle prospettive della causa palestinese e lui si era dimostrato più ottimista di me. «Non ce la passiamo benissimo ma siamo ancora qui» aggiunge dopo avermi abbracciato, toccando il punto che volevo affrontare con la mia visita.

La crisi economica ha investito tutta la Cisgiordania e chi abita a ridosso del muro è tra i più penalizzati: i visti di lavoro sono stati tutti annullati il 7 ottobre, nessuno è più autorizzato a passare sul lato israeliano, e questo ha portato un aumento della povertà.

Per Yaser e gli altri del comitato è stato un duro colpo, perché anche dall'Autorità nazionale palestinese sono stati tagliati i pochissimi fondi che da poco erano stati stanziati per costruire le opere pubbliche, che avrebbero permesso di creare lavoro. Da mesi sono tutti senza stipendio, la gente non sa come fare la spesa. I pochi aiuti provengono da due organizzazioni italiane, ACS e Ya Basta!, che raccolgono i soldi per sostenere trecento famiglie, circa duemila persone. Qui c'è bisogno di tutto: dai pannolini per i bambini alle medicine per i feriti, che sono sempre di più.

«Mi hanno sparato a una gamba, erano sul tetto di una casa qui vicino. Ho sentito dei rumori, sono uscito per capire se servisse aiuto e mi hanno colpito» mi racconta Hassan dopo essersi seduto con difficoltà. Cammina con le stampelle, ha un tutore alla gamba e i dolori, dice, sono fortissimi. Ma Hassan non ha solo questa ferita, ha il viso asimmetrico, una deformazione che parte dalla bocca. Gli hanno sparato altre due volte, la prima la pallottola è entrata nella parte bassa dello zigomo ed è uscita dal retro della testa, senza toccare nessun punto vitale, ma lasciandogli un ghigno sul viso che in alcuni momenti diventa inquietante. Di solito però il sorriso di Hassan è dolce, persino infantile in certi momenti. È un ragazzo che come tanti suoi coetanei è cresciuto troppo in fretta per via dell'occupazione.

«A ventun anni penso che la mia vita sia rovinata del tutto» mi dice a un certo punto del racconto.

Hassan è giovanissimo, eppure sul corpo porta i segni di una guerra a bassa intensità, che in questi vicoli non ha mai avuto momenti di tregua. La terza ferita è un buco sul fianco, un danno minore rispetto agli altri due, ma che fa ancora male. Oggi vive quasi come un recluso, esce di rado a causa dei quattro scalini davanti a casa, che per lui rappresentano una montagna da scalare. La sua gamba destra, quella ferita, è di tre centimetri più corta della sinistra, anche quando passerà tutto, se passerà, resterà un invalido.

«Vorrei aprire un negozio di abbigliamento, è il mio sogno soprattutto ora che faccio fatica a muovermi.»

La casa di Hassan è grande, semplice, non manca nulla anche se si capisce che la povertà è passata anche da questa porta anonima che dà su una delle strade principali del centro. La grande cucina sembra abbandonata e i mobili fatiscenti. Il padre di Hassan ha perso il lavoro e suo fratello più piccolo sta ancora studiando. Gli aiuti che arrivano dall'Italia sono indispensabili, oltre che per il tutore anche per fare la spesa, e fin quando Hassan non si sarà ripreso ci sarà una bocca in più da sfamare, due braccia in meno a lavorare e tre ferite ancora da curare.

Per salutarci si alza a fatica, lo aiuta suo fratello, che quando non è a scuola è la sua ombra.

«La mia terza stampella» lo chiama Hassan mentre sul suo viso torna il sorriso dolce e infantile.

Il salotto buio di Hassan mi aveva fatto dimenticare la forte luce del sole che mi acceca non appena apro la porta. Omar e sua madre mi stanno aspettando in una casa in cima a una scala ripida nascosta in uno dei vicoli più stretti, dove non passano le macchine e quindi nemmeno i blindati dell'IDF. La luce entra liberamente da grandi finestre coperte da tende bianche, i divani colorati, il tavolino al centro, la cucina ben curata. Se fuori il grigio dei mattoni era lo stesso di tutte le altre case, l'interno qui è molto più curato rispetto alla casa di Hassan.

«Mi hanno sparato a un piede mentre provavo a soccorrere un ragazzo ferito a terra.» Omar esordisce così, sembra voglia andare subito al punto.

Magro, barba corta, ben curata, occhiali grandi e tondi. A vederlo così lo definirei più un nerd che un combattente. Ha ventitré anni, giovanissimo anche lui.

Lavora in un negozio di elettronica, forse è davvero un nerd, ma un pomeriggio di febbraio 2024, avendo sentito sparare più volte, in un orario insolito, Omar si era diretto con la sua auto verso gli spari. A un certo punto aveva trovato diversi feriti a terra e uno alla volta li aveva caricati e portati in salvo, facendo avanti indietro. Mentre stava raccogliendo il terzo ferito, però, un cecchino gli aveva sparato.

«Ho dovuto attendere molto tempo prima che arrivassero i soccorritori, spararono persino sulla fiancata dell'ambulanza...» mi racconta mentre Amira, la madre, ci versa del caffè appena fatto.

La donna ha poco più di quarant'anni, indossa un vestito costoso, vecchio ma ancora buono per le visite. Nei suoi occhi leggo la sofferenza di una vita passata sotto occupazione. Quando si siede accanto al figlio, gli prende la mano, come se volesse proteggerlo come quando era piccolo.

Omar riesce a lavorare ma cammina a fatica con un tutore alla caviglia. Le scale davanti a casa sono un problema, ma la sua passione per l'informatica lo aiuta a sentirsi meno isolato. Si stringe alla madre, cercando il contatto fisico, sono l'uno la spalla dell'altra.

«Prima arrivavano di notte, entravano per metterci paura, arrestavano qualcuno e se ne andavano. Dopo il 7 ottobre hanno iniziato a distruggere tutto: mobili, elettrodomestici, quadri, foto. Quando passano non resta più niente» ci racconta Amira, e sapere che solo due mesi prima la sua casa era stata distrutta dall'esercito israeliano le fa acquistare, ai miei occhi, un valore ancora maggiore.

Erano andati lì per arrestare Kareem, il figlio maggiore. Avevano usato l'esplosivo per aprire la porta e mandato i cani in avanscoperta. Amira e suo marito si erano ritrovati bloccati a letto con un cane addosso che gli ringhiava contro, e la stessa cosa era successa ai figli Kareem, Omar e Amal.

«Ci hanno ammanettato e chiusi in bagno, tutti, mentre loro distruggevano casa» racconta Amira, e stavolta è Omar a stringerle la mano, per darle la forza di proseguire. A un certo punto avevano sentito delle urla provenire da altre stanze della casa, e dopo quasi due ore erano riusciti ad aprire la porta del bagno e dentro c'erano dei ragazzi ammanettati, con la faccia rivolta al muro. Avevano portato a casa loro tutti i ragazzi arrestati, e tra loro era finito anche Kareem.

«Ti portano via così, senza motivo, senza un'accusa specifica. Per loro siamo tutti colpevoli, dall'adolescenza in poi» mi dice Omar. E aggiunge: «Sono stato arrestato a quindici anni, non ho mai avuto il fisico da combattente, ma qui la resistenza si fa lanciando pietre, e quindi le avevo lanciate anch'io. Una notte sono entrati e mi hanno portato via».

Amira negli ultimi mesi soffre di attacchi di panico, non ci si abitua a questo tipo di normalità, e dopo l'ultima incursione in casa sua non è più riuscita a dormire bene: si sveglia immaginando la porta di casa che esplode, il cane sopra di lei, e per alcuni minuti trema in preda al panico più totale. L'espressione di Amira trasmette tutta la paura che prova, riesco a sentirla e a vedere la scena attraverso i suoi occhi atterriti.

Omar riceve un messaggio e ci dice: «Sta arrivando un amico che credo possa raccontarvi qualcosa di interessante».

L'amico di Omar preferisce non dirci come si chiama. È uscito dal carcere da una settimana dopo essere stato arrestato in una delle retate compiute prima del 7 ottobre, è stato in prigione per due anni con un fermo amministrativo e senza un'accusa specifica.

«La vita in carcere era dura anche prima: sveglia alle cinque per la conta, e chi non era in piedi veniva picchiato. Questo accadeva almeno due volte al giorno, ma in qualche modo si sopravviveva. Ma dopo il 7 ottobre è diventato un inferno. Sono aumentati gli insulti, le bestemmie, ci urlavano: "Terroristi del cazzo" e "Le vostre madri sono puttane islamiche".»

Questo ragazzo, di poco più di vent'anni, racconta che i telefoni venivano requisiti, che gli davano da mangiare ogni due o tre giorni, sempre e solo roba marcia, ammuffita, la carne e le verdure avevano sapori molto strani, tanto che i detenuti temevano che contenessero del veleno.

«Potevamo ascoltare solo la radio, ma ce n'erano poche, chi ne aveva una alzava il volume in modo che anche gli altri potessero ascoltarla, e per coprire le urla di dolore di chi veniva torturato senza motivo. Amano colpire soprattutto i denti e i testicoli, vogliono farti male, più male possibile. Prima o poi tocca a tutti. Dopo il 7 ottobre il carcere odora di sangue, sangue palestinese, e non c'è nessuno che ti curi lì dentro.» Il ragazzo solleva la maglia per mostrarmi i lividi e le cicatrici. Due anni di carcere lo hanno segnato nel fisico e nella mente, soffre come Amira di PTSD, il disturbo da stress post traumatico.

«Su un muro che tutti potevamo vedere durante la mezz'ora d'aria che ci concedevano in tarda mattinata c'era una scritta che diceva BENVENUTI NEL MACELLO, questa è la vita che fanno migliaia di prigionieri palestinesi oggi.»

Ha un groppo in gola, piange, si ferma. Ha un crollo psicologico, ma vuole continuare a raccontare. Amira lo stringe a sé, come se fosse suo figlio Kareem, forse in quel momento pensa proprio a lui, a suo figlio che vive in quel macello e del quale non può avere notizie.

«Non è naturale che una madre debba vedere i suoi figli morire prima di lei» mi dice Amira guardandomi fisso negli occhi.

No, non lo è, ma non riesco a dirglielo perché il suo sguardo mi ha gelato.

Yaser, che oggi è il mio Virgilio in questo girone dell'inferno palestinese, interviene per rompere lo stallo, salutare e condurmi altrove. Mentre camminiamo per il campo mi racconta che anche lui a sedici anni – ora ne ha una cinquantina – era stato arrestato per aver lanciato le pietre contro i soldati: «Qui è sempre stato così». Il suo primo ricordo dell'esercito israeliano risale a quando aveva cinque anni, se li era ritrovati davanti con i fucili spianati ed era corso sulla collina, lontano dalle case, e da lì aveva assistito all'operazione durante la quale avevano arrestato una decina di persone andando casa per casa.

«Alle 5 del mattino si piazzano sui tetti e aspettano che qualcuno esca di casa per sparare, lo hanno sempre fatto e sempre lo faranno fin quando saremo sotto occupazione» mi dice.

Yaser è uno degli shebab, che in arabo vuol dire «ragazzi», che durante la Prima intifada lanciavano le pietre contro l'esercito.

«Avevamo una base militare da campo alle spalle della collina, gli abbiamo reso la vita impossibile con le nostre incursioni. Lanciavamo pietre perché qui di armi ce ne sono state sempre poche. Loro invece sparavano sul serio» mi racconta. Poi gli shebab si spostarono nella parte bassa del campo, dove passava la strada che portava verso le colonie e verso Al-Khalil, che in ebraico si chiama

Hebron. «Quando passavano le macchine dei coloni, gli lanciavamo i sassi, nel tentativo di bloccare quel flusso che poi negli anni ha portato all'occupazione delle nostre terre. Dopo alcune settimane l'IDF ci ha chiuso in gabbia, il campo profughi è stato recintato e per entrare e uscire c'era un solo tornello.» Yaser sorride, non lo fa perché trovi divertente questa storia – che poi è la sua storia – ma come un adulto che ricorda la propria giovinezza, che qui è fatta di pietre e segregazione. Il tornello c'è ancora, l'ho visto la prima volta che sono venuto qui ormai otto anni fa, lo hanno lasciato i palestinesi, per ricordarsi di cosa sono capaci gli occupanti. Attaccate alle sbarre orizzontali che servono a farlo girare, ci sono delle chiavi, simbolo della Nakba palestinese.

Il tè alla salvia fuma, Yaser si accende una sigaretta mentre siamo seduti a un tavolo del centro culturale Ibdaa, luogo centrale per il campo profughi di Dheisheh per le attività che organizza insieme al Comitato popolare di gestione del campo a sostegno delle famiglie palestinesi.

Poi, guardandomi serio, mi dice: «Solo loro non si aspettavano un attacco come quello del 7 ottobre, solo loro potevano avere l'arroganza di pensarci morti e sepolti senza combattere». Loro sono gli israeliani, ovviamente, e per Yaser in Israele non esistono civili. «Tutti sono stati militari, tutti sono pronti a combattere, come noi, del resto» mi dice.

L'arroganza. Secondo Yaser è stato a causa del loro senso di superiorità se si sono fatti cogliere impreparati.

«Qui non abbiamo armi ma siamo pronti a morire, lo hai visto anche tu negli occhi degli shebab...»

Sì, l'ho visto, ho visto quella predisposizione al sacrificio, al martirio, che nella nostra società sarebbe impensabile.

Yaser fuma lentamente, mentre io bevo il mio tè. Sono qui anche per questo, forse soprattutto per questo: per sapere cosa è cambiato e cosa si aspettano dopo il 7 ottobre.

«Io detesto Hamas, lo sai, qui i religiosi barbuti non ci sono mai piaciuti, però in questa situazione erano gli unici che potevano portarci di nuovo al centro del dibattito mondiale. Oggi più che mai siamo vicini a uno Stato palestinese, più che ai tempi di Oslo, del *fucking* Oslo.»

Yaser chiama *fucking* Oslo gli accordi di Oslo di trenta anni prima, quelli firmati da Rabin e Arafat, perché lui e gli altri ci avevano creduto davvero: anche se erano accordi al ribasso almeno offrivano una prospettiva di pace. Oggi invece sa che *fucking* Oslo è stata una trappola nella quale è cascato Arafat insieme a tutta la dirigenza dell'OLP.

Mi prendo un po' di tempo per riflettere sulle sue parole.

Davvero siamo più vicini che mai a uno Stato palestinese? A me sembra che tutto stia per finire, che la Striscia di Gaza dopo questa guerra non esisterà più, che la Cisgiordania sia più in crisi che mai. So che stiamo giocando una partita a scacchi, che il mio interlocutore sta aspettando la mia mossa per farne un'altra, vuole tastare il terreno prima di scoprirsi del tutto.

«Non credo che lo Stato palestinese sia così vicino...» gli dico calmo, come se fosse una verità assoluta.

«Spagna, Norvegia e Irlanda ci sostengono, l'assemblea dell'ONU è dalla nostra parte. Israele è sempre più solo.»

Yaser ha fatto una mossa per aprirsi il gioco, per entrare dentro lo schieramento avversario. Quello che dice è tutto vero, ma si scontra con la realtà, con gli ex coloni di Gaza che premono per tornare, con le agenzie immobiliari che promettono villette a schiera su quel lungomare, con i suprematisti in aumento in Israele e soprattutto con le colonie che si stanno moltiplicando a vista d'occhio tanto che il problema non sarebbe solo la discontinuità territoriale tra Gaza e Cisgiordania, se mai Gaza non fosse occupata, ma anche la scarsa continuità territoriale interna alla Cisgiordania, con le colonie in posti strategici per evitare che le città palestinesi siano connesse tra loro. Lo smantellamento delle colonie sarebbe difficile soprattutto oggi che gli israeliani sono stati armati fino ai denti dal ministro Ben Gvir, anche lui colono di Hebron.

«E le colonie?» In queste tre parole è racchiuso tutto il ragionamento che ho fatto in silenzio perché anche Yaser sa che è questa la vera partita che si giocherà se mai si dovesse arrivare a un percorso di pace.

«Le manderemo via tutte, non è la loro terra, è la nostra terra. Sono illegali e saremo noi insieme alle Nazioni Unite a cacciarli.»

Yaser è un ottimista inamovibile, è convinto che la sua strategia in questa partita di scacchi sia la migliore, e io glielo lascio credere, perché non ho elementi concreti per confutare la sua tesi, ma soprattutto perché, per quanto io conosca questi luoghi, la mia è una visione europea.

Quando capisce che ho mollato il colpo, chiude così la partita: «Il nostro Stato va dal fiume Giordano al mare, sono questi i confini».

Scacco matto. La partita è finita, ma c'è una cosa ancora che voglio domandare a Yaser, una cosa della quale sono convinto da tempo, e voglio capire se anche qui la percezione è la stessa.

«Non credi che, una volta distrutta tutta Gaza, verranno anche qui? Non si sono fermati dopo aver ucciso più di trentacinquemila persone, perché dovrebbero farlo dopo aver vinto?» dico, mentre Yaser sta per alzarsi.

Perché se la mia impressione è vera la posta in gioco non è solo lo Stato di Palestina, ma la sopravvivenza stessa del popolo palestinese.

«Le nostre città sono distanti tra loro, è difficile prenderle perché è difficile spostarsi. Non verranno qui perché sanno che non ci riuscirebbero» mi dice Yaser, confermando la sua visione ottimistica, almeno rispetto alla mia.

I martiri di Jenin

«Quella lassù è una colonia?» chiedo a Mohammed, un collega che collaborava con Al Jazeera e che, dopo la chiusura del canale qatarino da parte del governo israeliano, lavora molto meno.

«Sì, una colonia illegale... per il momento.» Ride Mohammed, perché sa che a breve sarà riconosciuta dal governo israeliano e annessa al suo territorio, anche se si trova in Cisgiordania, quindi in territorio palestinese.

Oggi Mohammed sarà il mio fixer. È la prima volta che lavoro con un fixer in Palestina, perché attraverso i miei contatti e le organizzazioni ero sempre riuscito a muovermi senza particolari problemi.

Betlemme, Ramallah, Al-Khalil, Nablus, Jenin: oggi è quasi impossibile orientarsi, soprattutto a nord, dove ci stiamo dirigendo in questo momento, perché i checkpoint dopo il 7 ottobre 2023 si sono moltiplicati, spesso cambiano e ancor più spesso sono a senso unico, nonostante la strada preveda entrambe le direzioni.

La colonia che abbiamo visto poco fa è composta da tre container bianchi in cima a una collina, con un gabbiotto all'ingresso. Si tratta quasi sempre di famiglie di ebrei ultraortodossi, o di ebrei semplicemente, che vengono da fuori, spesso dagli Stati Uniti, che pensano che questa terra sia loro, per volontà divina.

Secondo fonti bibliche, la Terra d'Israele comprenderebbe l'attuale Israele, la Striscia di Gaza, la Cisgiordania, il Libano, i territori siriani e iracheni fino al fiume Eufrate. Le colonie oggi sono concentrate in Cisgiordania e, nonostante il diritto internazionale le consideri illegali, i governi israeliani le hanno sempre incentivate. Dopo il 7 ottobre sono aumentate, concentrandosi in luoghi strategici. Di solito si trovano sulle colline a controllare le valli e soprattutto a interrompere l'uniformità del territorio di competenza, almeno ufficialmente, dell'Autorità nazionale palestinese.

Una colonia resta illegale finché il governo israeliano non la riconosce come sua annettendola al proprio territorio, anche se in un territorio occupato, mentre per la comunità internazionale resta sempre illegale.

Quando una colonia è illegale è composta da poche famiglie e qualche container o casa mobile, devi farci caso per vederle, mentre le colonie legali si riconoscono da lontano: case in cemento armato, squadrate, tutte uguali, che dalla collina scendono verso valle. Il confine è marcato sempre da un muro di cinta o comunque da una recinzione, e l'ingresso è unico e presidiato dall'esercito. Non sembra un villaggio nato e cresciuto in momenti diversi, con abitazioni che rispecchiano il gusto e le esigenze dei suoi abitanti ma piuttosto un quartiere isolato adatto a dei militari, pensato da architetti militari dove tutto è solo efficienza e funzionalità. Sono le persone a doversi adattare alle costruzioni, non il contrario.

La strada che da Gerusalemme porta a Jenin è piena di colonie e ce ne accorgiamo anche dalla numerosa presenza di ultraortodossi lungo la strada che fanno l'autostop o aspettano gli autobus alle fermate. Sono quasi tutti armati, portano fucili automatici a tracolla e alle fermate c'è sempre una presenza militare pronta a difenderli, spesso dietro un blocco di cemento con un M16 puntato sulle automobili che sfrecciano, con un occhio nel mirino, pronti a sparare se pensano che possano costituire una minaccia.

Non so in base a quale criterio stabiliscano la pericolosità di un veicolo, data la velocità con cui passano le auto, potrei capire se ci fosse un'arma in bella vista, altrimenti l'impresa mi sembra davvero impossibile. Intanto i militari osservano e mentre corriamo su quella che dovrebbe essere una normale strada statale, vediamo un giovanissimo soldato puntarci contro il fucile automatico: la nostra vita in questo momento è appesa al leggero movimento del dito di quel ventenne, che se dovesse sbagliare, non credo pagherebbe.

Nonostante tutto, il viaggio procede sereno: l'asfalto è ottimo, questa grande strada a scorrimento veloce è stata inaugurata meno di un mese fa, in zona A, a uso esclusivo delle macchine con targhe gialle, quelle israeliane; mentre a quelle dei palestinesi, con le targhe bianche e verdi, non è permesso transitare: questo significa che devono scegliere strade secondarie, rendendo più difficili i loro spostamenti. Tutto questo, ovviamente, in territorio palestinese.

A un certo punto finisce anche per noi la strada nuova, riservata agli israeliani. Imbocchiamo una strada secondaria, di quelle in zona B, dove incontriamo un primo checkpoint che passiamo velocemente. Pochi minuti dopo ne incontriamo un secondo: sembra abbandonato ma poi, avvicinandoci lentamente, vediamo i militari alle prese con una macchina che hanno fatto accostare e che stanno perquisendo a fondo. Ripartiamo piano, perché non pensino che stiamo scappando. Mohammed, che questa strada l'ha percorsa molte volte nell'ultimo anno, mi dice che dal 7 ottobre 2023 cambiano spesso i checkpoint, e che è impossibile sapere dove e quando trovarli.

Le colonie sono ancora attorno a noi, attraversiamo un pezzo di zona C, quella considerata area militare dagli israeliani, proprio per la presenza di obiettivi sensibili. Negli ultimi anni la resistenza palestinese ha attaccato spesso i coloni, soprattutto alle fermate degli autobus o appena fuori dalle colonie.

L'atmosfera qui è più tesa, i veicoli palestinesi in circolazione sono pochi, si tratta per lo più di mezzi da lavoro e bus. Di palestinesi a piedi non se ne vedono affatto, anche perché i coloni, tutti dotati di fucili automatici, li attaccherebbero.

«Io qui sono un ibrido, non ho un'identità» mi dice Mohammed a un certo punto.

Siamo in fila da qualche minuto, a cinquecento metri c'è un checkpoint, avanziamo solo quando le macchine davanti a noi fanno inversione e tornano indietro [la strada è chiusa].

«Ho la carta d'identità israeliana, la macchina israeliana, ma non la cittadinanza. Mi hanno dato un lasciapassare al posto del passaporto, come quello giordano: un lasciapassare senza numero identificativo nazionale, quindi senza cittadinanza. Ma io non sono né israeliano né giordano. Sono palestinese, ma niente lo certifica. Quindi... chi sono?»

Il suo sfogo mi arriva all'improvviso come un pugno allo stomaco, forte e preciso, e fa male. Mohammed ha due figli piccoli e per loro la realtà è la stessa: senza patria e senza identità.

«Quando partecipi a un festival internazionale con un documentario, alla voce "provenienza" cosa scrivi?» mi domanda, proseguendo il discorso tutto d'un fiato.

«Italia.»

«Bene, e io cosa dovrei scrivere?»

«Tu cosa ti senti?» gli chiedo, incerto.

«Palestinese, ma nessun documento lo certifica.»

«E cosa metti?»

«Palestina, ma devo poi mandare una lunga email per spiegare che vivo in un Paese che ha occupato la mia terra, che però di fatto non è un Paese a sua volta... capisci? Chi siamo noi?»

La fila al checkpoint è ancora bloccata. C'è un bus fermo e un gruppo di persone fuori, forse in attesa di ripartire. Accanto al bus, piegata in avanti su una delle automobili dell'esercito, c'è una giovane donna ammanettata. Da quanto capiamo la donna era a bordo del bus ed è stata arrestata durante il controllo. Per questo il checkpoint era fermo, per questo abbiamo atteso più di mezz'ora. Mentre cerco di capire meglio cosa sia successo, un militare davanti a noi ci urla di procedere velocemente, che non c'è niente da vedere.

Il campo di Jenin è staccato dalla città, è un'entità viva e a sé stante, che pulsa di sangue e rabbia ma che si chiama fuori dal centro, e la città la tiene a distanza.

Capisco che siamo arrivati quando l'asfalto all'improvviso finisce. La strada diventa sterrata e non perché stiamo entrando in campagna, qui l'asfalto c'era fino a poche settimane fa ma l'esercito israeliano ha deciso di toglierlo, probabilmente per rallentare gli spostamenti di automobili e moto. Un bulldozer palestinese sta togliendo le macerie delle ultime abitazioni demolite proprio all'inizio di quel grande agglomerato di case che è il campo di Jenin.

Mohammed accosta, scende e fotografa la nostra auto. Poi si rimette alla guida, dopo aver inviato la foto a qualcuno su Signal, la app di messaggistica criptata.

«Così siamo più sicuri» mi dice mentre riparte.

A margine del campo ci sono anche due cimiteri, quello storico e quello nuovo, inaugurato appena pochi mesi fa, ma che per estensione sembra essere lì da molto tempo. Voglio entrare a vedere. Intanto escono due uomini, i loro figli giovanissimi sono stati uccisi appena un mese prima durante un raid.

«Arrivano, cercano i giovani e li uccidono, è così che si portano via i nostri figli...» mi dicono frettolosamente, e capisco che non hanno molta voglia di parlare.

La prima cosa che colpisce scorrendo le lapidi è l'età: hanno tutti tra i sedici e i venticinque anni, una generazione immolatasi per la resistenza armata all'occupazione. Poi ci sono i ritratti: tutti imbracciano un fucile, tutti con lo sguardo fiero di chi è pronto a morire per la propria causa. I loro occhi trasmettono determinazione, forza, ma a me arriva più che altro una profonda tristezza per quello che avrebbero potuto essere quelle tenere vite.

Lo chiamano il «cimitero nuovo», ma potrebbe essere anche ribattezzato il «cimitero degli shebab», perché non ci sono anziani qui, non ci sono morti di vecchiaia o per cause naturali. Solo giovani combattenti, martiri di una causa che sembrava finita nel dimenticatoio della storia, e invece in questo campo i giovani non hanno mai desistito.

Jenin negli ultimi anni è stata «la nuova Gaza», proprio mentre Hamas dalla Striscia abbassava il livello dello scontro per preparare in ogni dettaglio l'attacco del 7 ottobre, facendo guardare tutti a nord, verso Jenin, appunto.

Le tombe sono tutte a terra e presentano una cornice di sassi intorno alla lapide. In alcuni casi, attaccata alla lapide c'è anche, oltre alla foto, la fascetta di una delle brigate presenti nel campo. Un'altra cosa che mi colpisce è che le tombe vicine spesso riportano la stessa data di morte.

«Sono i martiri dei raid israeliani» mi spiega Mohammed. «Tutti morti nella stessa situazione», che da queste parti vuol dire «nello stesso attacco».

La strada che porta nella parte alta del campo è molto ripida, la piccola utilitaria sulla quale viaggiamo fatica a salire, e il fatto che sia dissestata non aiuta. A metà del percorso c'è un cratere di tre metri di diametro, è il risultato di un razzo sparato da un drone pochi giorni fa. Sterziamo per evitarlo, le ruote sembrano girare a vuoto ma in qualche modo proseguiamo fino all'ostacolo successivo: un minibus mezzo distrutto accanto a un altro cratere simile al precedente. Stavolta siamo costretti a fermarci senza la possibilità di ripartire, le ruote slittano sulla ghiaia e la macchina inizia ad andare indietro da sola, acquistando velocità: non ci resta che fare manovra e tornare lentamente indietro in discesa. L'obiettivo dell'occupante qui è chiaro: distruggere le infrastrutture, rendere la vita insostenibile, umiliare l'occupato.

Poco dopo ci immettiamo nel gomitolo di vie strette all'inizio del campo, un saliscendi e curve a gomito fino all'ennesimo ostacolo. La strada è bloccata da paletti di metallo e, poco oltre, da piccoli cavalli di frisia a rafforzare quel confine.

«Dove andate?» ci chiede un ragazzo con un Kalashnikov a tracolla che gli scende sul fianco. Capisco che è stato avvertito della nostra presenza e che le foto fatte prima da Mohammed alla macchina e alla targa servissero a questo. Il ragazzo parla con qualcuno con una radiolina, poi toglie le protezioni per farci passare.

«Questo è l'unico modo che abbiamo per difenderci» ci dice Fatimah, la donna vestita a lutto che ci sta aspettando davanti al cancello di casa sua. Alta, magra, il viso appassito ma decisa nei modi, Fatimah trasmette forza e debolezza al tempo stesso. Oltre il classico muro grigio di abitazioni, Fatimah ci fa strada tra le scale strette, le piante e gli alberi da frutto che portano a un piccolo terrazzo con tavoli e sedie, da cui si accede all'ingresso di casa sua. Siamo in cima alla collina, e se non fosse uno dei posti più mortali al mondo sarebbe anche molto bello, simile a molti paesi dell'entroterra italiano, che da questa sponda del Mediterraneo non è poi così lontano.

Fatimah si ferma, ci fa vedere la città di Jenin sotto di noi, le colline con le colonie israeliane subito oltre, la Giordania in lontananza a destra e alla nostra sinistra il monte Carmelo che ci oscura la vista di Haifa.

«Noi veniamo da lì, i miei nonni erano di Haifa, siamo profughi della Nakba, come tutti quelli che abitano qui» dice Fatimah.

L'interno della casa è curatissimo, permeato da un delicato profumo di incenso, il caffè è già pronto sul tavolo al centro del salotto, dove la donna ci fa accomodare. In un angolo noto un piccolo altare dedicato a Farid, il figlio di Fatimah e martire della resistenza. Sull'altare ci sono una foto, un pezzo di stoffa impregnato di sangue e altri oggetti che gli sono appartenuti.

Ci raggiunge Ahed, sorella di Farid, anche lei vestita a lutto.

«Fino a tre anni fa in pochi avrebbero pensato di combattere e diventare martiri, oggi i ragazzi sanno che è la loro strada, l'unica strada.» Fatimah ha lo sguardo sicuro di chi ha raccontato altre volte questa storia, ad altri o forse a se stessa. Farid aveva ventidue anni, è morto il 7 marzo 2023, esattamente sette mesi prima dell'attacco di Hamas.

«Aveva scelto di combattere perché da oltre un anno i raid erano aumentati, l'esercito israeliano faceva il bello e il cattivo tempo qui dentro e lui vedeva morire i suoi amici» aggiunge mentre ci versa il caffè. Ahed ha gli occhi grandi e scuri, lo sguardo duro, ma il sorriso è dolce. Entrambe le donne esprimono sentimenti contrastanti: il dolore del lutto e la necessità di andare avanti.

Ahed ha quasi gli anni di suo fratello quando è morto: ne compirà ventidue tra poche settimane, l'anno prossimo venitré, mentre lui resterà per sempre un martire ventiduenne. Ha scelto la stessa facoltà del fratello: Media e giornalismo a Nablus, che lui ha lasciato quando ha capito che i turni di guardia di notte e gli scontri a fuoco erano incompatibili con la vita da studente universitario.

Da queste parti anche Clark Kent avrebbe avuto vita difficile, qui il cattivo è invincibile, qui si combatte per il proprio quartiere, la propria strada, la propria casa o quella del vicino.

«Quando mi ha detto che sarebbe diventato un combattente, un pezzettino di me si è spento, sapevo che la decisione sarebbe stata irreversibile, che avrebbe smesso di esserlo solo da martire» racconta Ahed mentre Fatimah annuisce.

La loro famiglia è legata a Hamas e Farid era nelle Brigate al-Qassam, la fazione armata del movimento islamico. «Ma qui lottiamo tutti insieme, non è come a Ramallah o Gaza» mi spiega Fatimah. Il giorno in cui è morto suo figlio l'esercito israeliano ha dichiarato di «aver ucciso un terrorista», come sempre avviene dopo la morte dei combattenti, a prescindere dalle organizzazioni alle quali appartengono e all'età: anche bambini di otto o dieci anni vengono catalogati come tali.

L'occupante e l'occupato, i terroristi e i martiri. Un lessico che da queste parti è diventato familiare, che divide il mondo in due e ha come barriera i paletti di ferro che abbiamo incontrato prima, insufficienti a fermare l'occupante.

Fatimah ci racconta di un bambino allegro, giocoso, che, nonostante il contesto in cui era cresciuto, aveva quella curiosità che lo aveva portato a essere uno dei più bravi del liceo e in seguito all'università di Nablus per studiare Giornalismo. Fatimah scorre le foto del figlio, ce le mostra: hanno i colori sbiaditi dei ricordi, ma il piccolo Farid somiglia a migliaia di altri bambini. Poi, con lo stesso orgoglio, ci passa quelle più recenti, quelle in cui è armato: è suo figlio, ha combattuto anche per loro, Farid è un martire, il suo martire. Nelle foto sorride mentre è seduto in un punto che riconosco: ci siamo passati poco fa con la macchina, è la base dei combattenti, subito dopo il checkpoint dove ci hanno fermato. Ha un Kalashnikov in mano e del fuoco accanto, sul retro della foto c'è scritto 2/2023, quindi è stata scattata poco prima che morisse.

«Lo hanno ucciso proprio lì, a pochi metri, gli hanno tirato una bomba su un piede e poi gli hanno sparato. Queste sono le sue scarpe…» mi dice passandomi una busta di plastica con delle scarpe da ginnastica, una danneggiata, l'altra mangiata dall'esplosione.

Il caffè è finito, Fatimah ci tiene a mostrarci il punto in cui suo figlio è morto, così la seguiamo fino al checkpoint. Ci sono cinque ragazzi coetanei di Farid e Ahed che ci guardano con diffidenza, sono armati di Kalashnikov e hanno la radiolina alla cintura ma soprattutto hanno le facce sbattute perché dalle quattro e mezzo alle sette hanno combattuto: prima è arrivato un drone e poi due jeep dei militari, loro erano divisi tra i tetti e la strada, attenti a non esporsi al drone e ai mirini dei soldati.

«Li hanno respinti e non è morto nessuno, è stata una notte fortunata…» mi dice sottovoce Ahed, mentre mi mostra un video registrato dalle telecamere installate sulle case.

Si vede suo fratello sparare contro i soldati che si trovano esattamente dove oggi ci hanno fermati, quindi a quaranta metri dal punto in cui ci troviamo ora. Farid si sta nascondendo dietro la colonna dove adesso ci sono i cinque giovani combattenti seduti. I militari stanno avanzando lentamente non capendo da dove arrivano i colpi. Farid spara e si ripara, loro si fermano per un po' in mezzo alla strada, ma coperti dalla jeep, poi riprendono a camminare e lui spara di nuovo. Va avanti così per diversi minuti finché alla fine i militari capiscono il punto dal quale proviene il fuoco e avvertono un'altra unità, che lo sorprende alle spalle. Si fanno strada con una bomba stordente e tanti colpi di M16, Farid scappa ma viene colpito, riesce comunque a fuggire per delle scale ma i soldati lo raggiungono e gli tirano un'altra bomba stordente, quella che gli esplode sul piede. Ahed mi mostra il buco dell'esplosione: «Qui è stato colpito, e guarda...» mi dice indicando i muri attorno a noi, tutti completamente crivellati. Ferito a terra, Farid si è trascinato per le scale, dove oggi c'è ancora una macchia del suo sangue.

Mentre riviviamo il dramma di Farid mi accorgo che dietro di noi ci sono tre bambini che ci guardano incuriositi.

«Da dove vengono?» chiedono ad Ahed, riferendosi a noi.

«Italia.»

«In Italia sanno che vinceremo?»

«Glielo chiedo...» risponde Ahed sorridendo.

No, non lo so e anzi, visto da qui, da queste scale crivellate di colpi e ancora sporche di sangue non credo sia possibile senza l'intervento della comunità internazionale.

«Quanti anni hanno?» dico per eludere la domanda.

«Nove il più grande e otto gli altri due.»

«Perché non sono a scuola?» chiedo ancora, con la paura di passare per un vecchio che rimprovera i bambini.

«Oggi è chiusa la scuola» mi dicono, con un sorriso furbo che fa storcere la bocca sia a me sia ad Ahed.

«E cosa vorrebbero fare da grandi? Magari tra dieci anni...» chiedo d'impulso, come avrei fatto con bambini del mio quartiere o di qualsiasi altra parte del mondo.

«I combattenti!» rispondono in coro sorridendo.

«E tra quindici anni come si vedono?»

«Martiri, saremo martiri come i nostri fratelli.»

Mi si gela il sangue, sapevo che sarebbe potuta arrivare questa risposta, ma speravo che non accadesse. Mi fermo, prendo una boccata d'aria, Ahed capisce che la risposta dei bambini mi ha turbato, per il sorriso che l'ha accompagnata e perché è stata detta in coro, un coro allegro che parla di morte di chi alla morte non dovrebbe interessarsi.

«Qui è così, tutti vogliono combattere, è l'unica cosa che abbiamo» mi dice con dolcezza Ahed, come se volesse consolarmi.

Mi vengono in mente le parole di Susan Abulhawa in *Ogni mattina a Jenin*, uno dei libri più belli che abbia mai letto: «Habibti, ormai non ci resta nient'altro che l'istruzione. Promettimi che studierai con tutte le tue forze».

È un passaggio importante del libro perché si parla proprio di terra, di resistenza, di futuro. Lo studio come forma di resistenza, lo studio con tutte le tue forze, una frase forte che però qui oggi non vale più.

«Perché vogliono combattere?» chiedo, cercando di capire di più, di dare un senso a quella che mi sembra una febbre collettiva.

«Perché altrimenti si dimenticheranno di noi, perché se non lo facciamo, moriremo comunque...»

Frasi fatte in bocca a bambini che le hanno ascoltate tante volte al punto da interiorizzarle, farle proprie e magari seguire le scelte dei fratelli maggiori, dei cugini, degli amici.

Fatimah mi chiama, mi porta via dalla cerchia dei piccoli per portarmi in quella dei grandi, «degli amici di Farid», così mi dice.

«Non vogliamo essere fotografati e non chiederci come ci chiamiamo, okay?» premettono, rompendo la tradizione dei lunghi e ossequiosi saluti tipici in Palestina. Qui si combatte, i convenevoli vengono dopo.

I ragazzi che hanno accettato di parlare con me sono tre, e si capisce che lo stanno facendo solo per rispetto della madre del loro amico e compagno di lotta.

«Io lavoravo come muratore in Israele.»

«Io come pittore.»

«Io studiavo.»

A turno mi dicono cosa facevano prima, perché nella vita di un combattente c'è sempre un prima e un dopo. In mezzo c'è la scelta che cambierà irreversibilmente le loro vite.

Ed è esattamente questo che interessa a me: la scelta.

«Hanno ucciso i miei cugini, hanno ucciso mio fratello maggiore. Cosa dovrei fare? Stare a guardare mentre si prendono la nostra terra come fecero nel 1948?» Il tono è deciso, il ragazzo che mi sta parlando, l'ex studente, è il più grande dei tre e dev'essere anche il capo. Alto un metro e settanta, barba di due centimetri non troppo curata, vestiti vecchi e sporchi e uno sguardo profondo, morbido, non da combattente.

Continuo a dialogare con lui, mi sembra quello più aperto.

«Pensi che la vostra resistenza possa avere successo?» gli chiedo, cercando di capire se quello che poco fa mi hanno detto i bambini corrisponda al sentimento comune qui.

«Non sono un illuso, loro sono più forti, più armati, più organizzati e sostenuti dagli Stati Uniti. Noi siamo un pezzetto di un puzzle più grande, di una resistenza di massa. Il nostro sacrificio serve a tenerli lontani fino a quando il mondo non dirà che abbiamo ragione, che abbiamo sempre avuto ragione.»

Nessuna illusione quindi, né la speranza di ottenere qualcosa nel breve termine. La loro è una guerra di testimonianza e di difesa delle ultime terre rimaste. Sono originari di Haifa, come Fatimah, e il loro scopo, dichiarano, è distruggere Israele.

«Gli ebrei dovranno andare via dalla nostra terra che va dal fiume al mare.»

«I fucili dove li prendete?» Provo ad andare su qualcosa di più specifico.

«Ne abbiamo pochi, quando uno di noi muore, il fucile passa a qualcun altro, è il nostro testimone, e così ci portiamo i martiri con noi in battaglia.»

Pochi Kalashnikov e pure vecchi, contro un esercito organizzatissimo. I più giovani, gli adolescenti, lanciano pietre e molotov perché le armi, appunto, non ci sono per tutti.

Il tempo sembra essersi fermato. Mentre il mondo va avanti, i tempi cambiano e fuori succede di tutto, qui la vita ruota attorno a quattro strade da difendere, che rappresentano la loro dignità.

L'unico elemento di modernità sono gli smartphone, tutti impostati su TikTok, con i video dei loro combattimenti. Riguardarseli è il loro passatempo preferito.

Un rumore in lontananza ci annuncia l'arrivo di un drone, sembra un grande calabrone che vola sulle nostre teste, minaccioso. Alcuni hanno scopi ricognitivi, altri sono armati di razzi. Colpire a distanza, colpire guardando attraverso un visore dalla stanza di una caserma che si trova a decine di chilometri.

La guerra non è mai stata bella, ma allontanando la distanza di tiro abbiamo allontanato lo sguardo dei soldati dagli occhi delle loro vittime.

Oggi per quel drone siamo figurine che si muovono, più simili a un videogioco che a esseri umani. Ci nascondiamo in un punto riparato sotto una casa, loro invece, gli shebab, imbracciano il fucile e corrono via, verso postazioni prestabilite.

Il mio tempo con loro è finito, dopo un quarto d'ora il drone sparisce, e loro hanno altro a cui pensare: la difesa del campo. Ci spostiamo nella parte bassa, ai piedi della collina, arrivando dalla strada principale. Quella che fino a poco fa doveva essere una piazza oggi è un cumulo di macerie che dà sulla via che porta dentro il centro abitato, chiuso da quattro blocchi di cemento che impediscono l'ingresso alle macchine. Con noi c'è Ahed, ci sta accompagnando da una sua conoscente, che vuole incontrarci.

«Nel resto del mondo devono sapere cosa hanno fatto ai miei figli» ha detto alla ragazza quando ha saputo della presenza di giornalisti stranieri.

Prima di arrivare da lei però dobbiamo superare tre diversi step di controllo da parte dei combattenti che presidiano questa zona del campo e fanno attenzione a chiunque passi. I primi ci vengono incontro con una moto appena superiamo i blocchi di cemento, il ragazzo seduto dietro ha un Kalashnikov, in modo secco ci sbarrano la strada e in arabo ci chiedono chi siamo e dove andiamo.

Risponde per noi Ahed, che essendo del campo e sorella di un martire, è una guida perfetta e soprattutto insospettabile. Ci lasciano andare a patto di mettere nello zaino le macchine fotografiche e di non tirare fuori i telefoni.

Procediamo fino a quando da una finestra vediamo un altro Kalashnikov, stavolta puntato contro di noi, e un uomo che con voce nervosa chiede chi siamo. Ahed ripete le cose già dette agli altri due ragazzi, ma lui preferisce uscire per accertarsi meglio che non siamo pericolosi. Convintosi che non siamo israeliani infiltrati, avverte via radio un altro ragazzo, appostato poco più avanti, per dirgli che siamo in regola. Senza Ahed, qui non saremmo mai potuti entrare. La tensione è altissima e le operazioni dell'IDF spesso sono fatte sotto copertura con infiltrati tra i civili. Ci chiedono da dove siamo partiti questa mattina. Mohammed risponde: «Da Gerusalemme».

«Hanno arrestato qualcuno al checkpoint?»

Gli raccontiamo della donna accanto all'autobus, e loro, dopo aver incrociato ora e luogo, ci dicono che era una professoressa universitaria e che volevano avere una conferma da noi dell'accaduto.

In casa di Sabiha si entra attraversando due piccoli portoni di metallo, il primo dà sulla strada mentre il secondo su un cortiletto interno. Sabiha mi racconta una storia famosa, arrivata fino in Europa per la sua brutalità, ma della quale ci siamo dimenticati velocemente: i suoi due figli maschi e un loro amico erano stati uccisi in un'operazione speciale nell'ospedale Ibn Sina di Jenin, condotta da soldati israeliani travestiti da infermieri e da anziani, che con armi silenziate avevano freddato i tre ragazzi. Le prime notizie che avevo letto dicevano che «i tre terroristi palestinesi uccisi erano affiliati a Hamas» mentre entrando in casa di Sabiha capisco che erano della Jihad islamica, almeno i suoi figli.

Sabiha mi chiede se è la mia prima volta a Jenin. Le dico che no, c'ero già stato nel 2016, quando però la situazione era diversa.

Ahed versa a tutti del caffè, sembra essere molto in confidenza con questa donna che non ha un altarino dedicato ai figli come Fatimah, ma gli ha dedicato tutto il salotto, con le foto appese di quando erano piccoli e quelle con i fucili in mano con i simboli della Jihad islamica inseriti con Photoshop.

«Il più piccolo aveva appena compiuto diciassette anni, era stato colpito da un drone mentre lanciava sassi durante una manifestazione davanti al cimitero. Per questo era in ospedale e per questo suo fratello era spesso con lui» mi dice dopo qualche sorso di caffè.

I figli sono il suo orgoglio. «La lotta contro gli ebrei deve essere fatta fin quando da qui non se ne andranno e ci ridaranno tutto» mi dice.

Anche lei è di Haifa e anche la sua famiglia è stata cacciata nel 1948. Sono profughi da allora.

«Non è normale che una madre seppellisca i propri figli, non è normale mentre crescono pensare che quello sarà il loro destino» mi dice mostrando per la prima volta un po' di debolezza: per quanto possa essere convinta della causa, per quanto sia orgogliosa dei suoi figli, martiri per la loro terra, è pur sempre una madre che ha perso da meno di cinque mesi i suoi due figli maschi.

Ahed mi mostra il video del raid nell'ospedale, si vedono i militari israeliani sotto copertura fare irruzione e tirare fuori i fucili: sono tanti, sanno benissimo cosa fare, segno che l'operazione era stata studiata nei minimi dettagli.

«Mio figlio piccolo stava facendo una lunga riabilitazione, era stato operato e aveva bisogno di tempo per recuperare. Hanno aspettato che ci fosse anche il fratello per ucciderli entrambi... è stata un'esecuzione, mi hanno tolto tutto, tutta la vita» si dispera Sabiha. L'orgoglio ha lasciato il posto all'amore e quindi alla disperazione. Poi però si ricompone: «Noi abbiamo una sola strada, non c'è molto altro da fare: combattere».

Quando le chiedo cosa ha pensato il 7 ottobre 2023, mentre arrivavano le prime notizie, mi risponde decisa: «Non possiamo avere pietà di loro perché loro non ne hanno mai avuta per noi».

«Perché ballavano al rave vicino a Gaza, che era stata trasformata in una prigione, perché pensano che tutto gli sia concesso?» mi chiede retoricamente proseguendo il discorso sulla nascita dello Stato palestinese, che secondo lei «è più vicino che mai, perché ora il mondo si è ricordato che esistiamo e per fortuna l'Iran non ci ha mai abbandonato».

La sua ultima frase mi fa capire che appartiene alla componente sciita della Jihad islamica, un fenomeno molto strano, essendo l'organizzazione sunnita, così come tutto il popolo palestinese.

Lo sciismo è una componente dell'islam minoritaria, osteggiata in quanto pratica di «eretici». Negli anni del califfato di Siria e Iraq gli sciiti erano le prime vittime, ben prima dei cristiani.

Eppure qui il sostegno dell'Iran è forte, me lo conferma Ahed quando usciamo da casa di Sabiha: «Molte famiglie si sono convertite, hanno scelto l'Iran. Noi di Hamas abbiamo rapporti politici con loro, lo sanno tutti, ma non abbiamo mai tradito il profeta, restiamo fedeli a Maometto».

Mi chiede di proseguire la discussione in casa sua, la mamma ci ha preparato il pranzo e ci tiene a invitarci. Non possiamo dire di no, «sarebbe molto scortese» mi dice Mohammed.

La tavola è già apparecchiata: riso saltato con le mandorle, falafel, *tabbouleh*, *babaganoush*, yogurt e tante altre cose buonissime.

Noto che sui vetri delle grandi finestre che si affacciano su Jenin e il resto della vallata ci sono dei buchi. Sono fori di proiettili sparati dall'IDF. Fatimah mi fa vedere che ce ne sono anche sul frigorifero, sulla porta della cucina e sul soffitto.

«Erano qui sotto durante un raid, proprio in mezzo ai miei ulivi. Ci hanno sparato in casa. Questa è la nostra normalità. Però le olive sono a tavola, quelle si sono salvate, e senti quanto sono buone...» dice Fatimah sdrammatizzando, vuole che il pranzo sia un momento più leggero, ma Ahed le rovina subito il programma, riprendendo a parlare degli sciiti di Jenin.

Fatimah odia l'Iran nonostante sia di Hamas, per lei sono eretici, infedeli, «nemici quasi quanto gli ebrei che ci hanno cacciato da casa nostra nel 1948». La sua paura è che il grande Paese sciita voglia usarli come hanno fatto tutti gli altri in passato.

«I miei nonni sono morti in questo campo profughi dopo aver sperato per trent'anni di poter tornare a casa, perché quella è casa nostra.» Fatimah adesso è molto più loquace, non parla del figlio ma spazia e mi chiede dell'Unione Europea e del riconoscimento dello Stato palestinese. È ottimista, il fatto che la Spagna abbia riconosciuto formalmente lo Stato di Palestina è il segno che presto tanti altri Paesi seguiranno il suo esempio, e così il pranzo scorre veloce, fin quando arriva Hana, la sua vicina di casa, o meglio, ex vicina.

«Aveva una casa bellissima, la più bella del campo» mi informa Fatimah.

«Ma ora non c'è più» aggiunge. Mi porta alla finestra della cucina per mostrarmi quello che è rimasto della casa della vicina: poco o nulla.

«Cercavano mio fratello, uno dei combattenti più importanti di Jenin, sono venuti diverse volte a casa pensando che fosse da noi nei quattro anni in cui è vissuto in clandestinità. Dopo il 7 ottobre si sono fatti più pressanti, venivano sempre più spesso, poi a marzo sono entrati, hanno arrestato mio marito, mandato via me e il mio bambino di quattro anni. Sono rimasti dentro per cinque o sei ore, e quando sono usciti la casa era in fiamme.»

Dalle scale della casa di Fatimah si raggiunge il muro che separava le due case, è completamente distrutto e Hana ci passa in mezzo per arrivare su quello che era il tetto di casa sua. Non è rimasto più nulla: il fuoco prima e le cariche esplosive dopo avevano distrutto «la casa più bella del campo, arredata come se fosse la hall di un hotel». Hana è tornata dai suoi genitori, sta crescendo lì suo figlio. Ogni giorno invia messaggi a una radio di Ramallah nella speranza che suo marito possa ascoltare e sapere che lei lo aspetterà tutto il tempo necessario.

Un mese dopo averle distrutto la casa, i soldati israeliani avevano trovato il fratello a casa di un altro combattente e avevano ucciso entrambi. Anche quello era stato un raid mirato, erano arrivati di notte, andando a colpo sicuro, come se qualcuno gli avesse passato delle informazioni. Hana probabilmente dovrà crescere suo figlio da sola, e per lui il destino sembra essere segnato: combattente e martire. O forse no, se si avviasse un percorso di pace la sua prospettiva e quella degli altri bambini di Jenin, Nablus o Tulkarem potrebbe anche cambiare.

L'arroganza degli occupanti

L'occupazione è basata sul privilegio: chi ha un documento buono passa, gli altri no. Ovviamente a stabilire se un documento è valido o no è l'occupante, che decide anche che chi non è in possesso di un documento buono è soggetto al potere arbitrario dei soldati. Io ho un passaporto europeo, italiano, e questo mi consente di andare quasi ovunque, di poter girare come un turista qualsiasi.

Un pomeriggio, mentre sono a Betlemme e il checkpoint è chiuso già da alcune ore, ho due soluzioni per tornare a Gerusalemme: taxi con la targa israeliana, che con il mio passaporto vuol dire essere in meno di mezz'ora in hotel. Costa un po', ma il privilegio non è mai gratuito. Oppure il bus, quello che prendono tutti, che ci mette un'oretta per arrivare alla Porta di Damasco e poi altri quindici minuti a piedi per raggiungere l'hotel. Ovviamente costa poco.

Il bus sta per partire e così l'opzione viaggio più lento ed economico ha la meglio. Quando superiamo il muro e arriviamo al checkpoint all'ingresso di Gerusalemme i soldati ordinano all'autista di accostare e di far scendere tutti: devono controllare i documenti. Il sole è ancora caldo, sul piazzale non c'è ombra, e non capisco perché l'autista non spenga il bus mentre siamo in fila proprio accanto ai motori. Il gruppo dei passeggeri è composto da ragazze, uomini di mezza età, mamme con bambini piccoli. L'unica a non scendere è una donna con in braccio una bimba di circa un anno, che dorme con la testa appoggiata alla sua spalla. La giovane soldatessa che deve controllare i nostri documenti sembra completamente assorta nei suoi pensieri, scrolla il telefono con lunghe unghie laccate di rosso, senza mai distogliere lo sguardo dallo schermo. Vent'anni circa, un metro e settanta, lunghi capelli biondi raccolti in una coda di cavallo, occhi marroni. È davvero molto bella.

Io sembro l'unico in difficoltà, siamo sotto il sole da un po', non capisco cosa aspetti a controllarci. Per gli altri pare normale, solo un bimbo di sei anni risulta più agitato di me, ma solo perché vorrebbe giocare e invece è costretto a stare in fila. Dopo venticinque minuti arriva un altro bus, non so da dove provenga ma la procedura è la stessa: accostare, scendere, mettersi in fila e aspettare.

Intanto altri militari controllano le macchine, ma quasi nessuno viene fermato o comunque trattenuto per più di cinque minuti per un controllo.

La soldatessa invece continua a scrollare il suo telefono, a sorridere di tanto in tanto: forse avrà visto un meme sui palestinesi o uno di quei video che girano su TikTok dove i soldati israeliani o gli influencer prendono in giro i palestinesi, quella che da queste parti chiamano «Pallywood», ovvero la crasi tra Palestina e Hollywood, che mette in scena il dolore dei palestinesi esasperando pianti, reazioni, emozioni in modo farsesco. Il messaggio è che i palestinesi, soprattutto quelli di Gaza, recitano in un grande set, che i morti non sono veri, che i bambini vengono truccati con finto sangue o cerone bianco per farli sembrare morti. Un trend che qui ha grande successo.

Nessuno si lamenta, sanno che potrebbero essere arrestati o, come è già successo altre volte, persino uccisi.

I militari non vengono mai condannati e, in ogni caso, le organizzazioni di estrema destra li sosterrebbero nel processo, come è già avvenuto in passato.

Dopo trentacinque minuti la soldatessa decide che è arrivato il momento, chiama una collega, fino a quel momento anche lei immersa nello smartphone, e si avviano: a questo punto cambiano espressione, smettono di essere giovani e sorridenti, per trasformarsi in militari dallo sguardo duro e accigliato.

Anche la seconda soldatessa è bionda, alta un metro e ottanta, capelli corti, unghie lunghe e rosse. Bella ma non quanto la prima, che intanto si è posizionata dietro un blocco di cemento all'inizio della nostra fila mentre la collega è accanto a lei, alla nostra destra, fucile in mano puntato contro il primo della fila.

Prima che inizino i controlli l'autista dice qualcosa alle soldatesse. Quella che ci ha fatto attendere sale arrabbiata sul bus per controllare i documenti della donna con la bambina. Le urla qualcosa, non ha gradito di dover salire sul bus, forse non le piace l'idea di entrare in un luogo frequentato dai palestinesi, quindi controlla velocemente i documenti, urla ancora qualcosa e poi torna alla sua postazione.

Tre passi di distanza dal blocco di cemento, documento sulla mano sinistra ben visibile all'altezza del viso, restare immobili mentre chi è dietro al blocco guarda il documento, scruta il volto, torna sul documento e poi, senza dire una parola, fa un cenno con la testa: sì o no. In quel gesto c'è la sentenza: passi o ti fermo, ti controllo e poi, probabilmente, ti porto in prigione.

E pensare che il luogo in cui mi trovo in questo momento è territorio palestinese riconosciuto dalle Nazioni Unite e dagli accordi di Olso, quel *fucking* Oslo che a Dheisheh rimpiangono di aver firmato, di averci creduto, perché oggi non resta niente di quell'accordo, e il muro di separazione, l'occupazione di Gerusalemme Est, questi checkpoint, le prigioni piene, i raid e i giovani uccisi sono la dimostrazione che la segregazione è la soluzione alla questione palestinese e che la comunità internazionale glielo ha lasciato fare.

Il fucile automatico della seconda soldatessa è immobile, il prossimo sono io, l'unico con il passaporto, gli altri sono tutti palestinesi con la carta d'identità, vivono nella Gerusalemme occupata senza diritto alla cittadinanza. Passo in avanti, sguardo fisso su di lei, passaporto accanto al viso. Pochi secondi, poi arriva il cenno della testa, l'imperatrice romana davanti a me, che tutto può sulla mia vita, ha deciso di farmi passare. Sono tra gli ultimi, tutto fila liscio e così possiamo ripartire senza più problemi. Dal finestrino osservo le due soldatesse rilassarsi, uscire dal personaggio e tornare a sorridere fissando lo schermo del telefono. Due ore per fare pochi chilometri. Questa è la vita sotto occupazione, questo è il libero arbitrio esercitato dal potere occupante.

Ritorno a Gerusalemme

Il pub in cui abbiamo appuntamento rappresenta qualcosa di raro da queste parti: scritte alle pareti, adesivi ovunque, manifesti e sciarpe delle squadre di calcio. Queste mura fino a poco tempo fa ospitavano un centro sociale che oggi si è trasformato in una cooperativa per poter sostenere i costi, ma l'anima è rimasta la stessa, mi garantiscono i gestori al bancone, tra una birra e l'altra.

Bibi (Netanyahu) è il più bersagliato dalle scritte e dagli adesivi, ma anche Ben Gvir, il colono ministro della Sicurezza riscuote successo, lo si capisce dai molti adesivi che accostano FUCK al suo nome. Poi ci sono le sciarpe e i manifesti dell'Hapoel, che vuol dire «operaio», squadra di calcio con una tifoseria di sinistra e antifascista.

Di israeliani contrari all'occupazione da queste parti ce ne sono pochi. Le ultime elezioni di Gerusalemme hanno registrato una svolta a destra impressionante e il trend è nazionale: da quando i coloni votano hanno spostato l'asse politico, puntando al suprematismo e riducendo ai minimi termini la sinistra e quanti provavano a cercare un compromesso.

Ho appuntamento con un ragazzo milanese che si è trasferito qui per studiare diversi anni fa e che poi ha deciso di arruolarsi nell'IDF, di prendere la cittadinanza israeliana e di vivere qui nonostante la sua famiglia avesse scelto di non trasferirsi nel neonato Stato ebraico dopo la Seconda guerra mondiale. Ci conosciamo da anni, da prima che si trasferisse, e in questo lasso di tempo l'ho cercato periodicamente per confrontarmi con lui, per avere una prospettiva diversa da quella che mi forniscono i palestinesi.

«Hai visto che merda? Ormai i coloni sono dappertutto.» Non è l'esordio che mi aspettavo, pensavo che ci saremmo arrivati con calma, dopo un po' di convenevoli, perché è ovvio che io voglio parlare di questo argomento. Invece Francesco decide di andare subito al punto, prima ancora di brindare con le nostre birre. Da anni lavora nel turismo, una volta terminato il militare ha dato gli ultimi esami, si è laureato e un'azienda lo ha assunto per gestire i pacchetti viaggio tra il Sud dell'Europa e Israele.

«So che non è il Paese perfetto, ma è il nostro Paese, finalmente. Abbiamo atteso duemila anni, tu conosci sia Gaza, sia la Cisgiordania, sia Israele, hai visto che differenza?», ancora una volta anticipa domande, butta sul tavolo temi che hanno bisogno di essere approfonditi con cura.

Che si senta realizzato mi pare evidente, che questo Paese gli abbia dato una possibilità è altrettanto certo, così come a milioni di persone che sono arrivate da lontano dopo decenni d'inferno e anni di persecuzioni.

«Una terra senza popolo per un popolo senza terra» dicevano gli ebrei dopo l'Olocausto, arrivando qui e trovando invece un popolo disarmato dagli inglesi e senza una struttura statale, mai concessa fino a quel momento.

Francesco non ha partecipato alla realizzazione del sogno del popolo ebraico, è arrivato dopo decenni di guerre, occupazioni di terre e dopo due intifade: il suo è un sogno disincantato, realistico, e soprattutto Francesco odia gli ortodossi e gli ultraortodossi. «Sono quelli che rovineranno Israele» mi ripete, perché il sogno del Grande Stato d'Israele «dal fiume al mare» non è realizzabile. «Ci vuole una federazione con i due Stati che convivono» mi dice, perché, aggiunge, «l'economia è interconnessa e non è pensabile di avere due monete.»

Tutto nella sua testa è molto chiaro, perché ha questo disegno da tempo, ma nella mia no, devo prima visualizzare e capire quali potrebbero essere i punti deboli. L'idea comunque è interessante, un'idea che in Europa è poco diffusa ma negli ambienti progressisti israeliani è condivisa da molti. Un'idea però che mi ha sempre lasciato perplesso per un motivo: la sicurezza chi la gestisce? Se è vero, e l'ho visto in Cisgiordania, che i due territori sono connessi, se è altrettanto vero che la moneta potrebbe essere la stessa, mi sembra impensabile che Israele, dopo aver messo a punto nell'ultimo decennio un dispositivo securitario di queste dimensioni, sarebbe disposta a lasciare i confini e a smantellare tutto. Glielo dico. A tavola siamo in quattro ma è un dialogo a due, se togliessimo il contesto fatto di adesivi e scritte sui muri, potremmo sembrare due diplomatici che stanno cercando di elaborare un piano di pace.

«C'è bisogno di uno sforzo, di collaborazione, anche se siamo un Paese di persone affette da PTSD. Io per primo lo sono» mi dice. Sa bene anche lui che la gestione della sicurezza è fondamentale per il futuro e che l'idea stessa di sicurezza è molto diversa nella percezione dei due popoli: fermare i raid dell'IDF da un lato, la paura del terrorismo dall'altro. E il passaggio sulla sindrome post traumatica è molto importante, si tratta di riconoscere di vivere in un contesto che non è né sano né tantomeno sereno.

La prima birra è andata, Francesco si alza per andare a prenderne altre e quando torna riprendo la questione, a me molto cara, dei coloni, che lui odia.

«Io li vedo spesso per lavoro, mentre accompagno i pochi turisti che ancora vengono qui, e ogni settimana noto che sono sempre di più, sembra che si moltiplichino. Fanculo! Creiamo lo Stato palestinese e gli diciamo che se vogliono stare lì devono accettare di essere palestinesi, non israeliani. Se invece vogliono essere israeliani, possono andare a crearsi una bella colonia nel deserto.»

Se la metà degli israeliani avesse le sue posizioni, forse avremmo risolto il problema, è evidente, invece Francesco appartiene a una minoranza, e oggi i coloni sono una colonna portante del governo, con un numero sempre maggiore di votanti. Ogni coppia ha infatti dai sei agli otto figli, che nel giro di qualche anno voteranno anche loro, si sposeranno e avranno a loro volta tanti figli.

Molti progressisti negli ultimi anni se ne sono andati in Europa o, più spesso, negli Stati Uniti.

Mi è bastato sentire l'aria che si respirava al Pride di Gerusalemme, che si era svolto il pomeriggio stesso dell'incontro con Francesco. Era stata l'occasione per me per incontrare i parenti degli ostaggi di Hamas, ai quali il Pride era dedicato, e per respirare l'aria della città. Per arrivare nel punto da cui sarebbe partito il corteo, venti minuti a piedi circa, avevo dovuto attraversare sette posti di blocco della polizia, dove c'erano coppie di militari che controllavano tutti a vista. Una volta arrivato in piazza era stato un po' come entrare a un concerto: metal detector e braccialetto obbligatorio, se uscivi dal percorso te lo strappavano e non potevi più rientrare. La paura era duplice: per gli attacchi di Hamas e per quelli dei coloni.

Nel 2015 un colono aveva accoltellato sei persone che stavano manifestando, tra queste una ragazza di sedici anni, morta pochi giorni dopo a causa delle ferite riportate.

«Siamo tra l’incudine e il martello» mi ha detto una ragazza che stava distribuendo maglie e spille con lo slogan BRING THEM HOME NOW, «riportiamoli a casa adesso». Aveva un amico ostaggio e dall’8 ottobre, quando aveva capito che era stato preso, aveva iniziato la sua personale battaglia per riportarlo a casa.

L’unico modo sarebbe un cessate il fuoco permanente, Hamas lo ha detto molte volte perché sa che una volta liberati gli ostaggi, senza una tregua definitiva, l’IDF potrebbe radere al suolo tutto senza preoccuparsi di uccidere anche degli israeliani.

«Se dicessimo che vogliamo un cessate il fuoco permanente ci accuserebbero di essere complici di Hamas.»

«Chi?» chiedo.

«La destra, i coloni, Ben Gvir...»

Cita gli stessi che pochi minuti dopo stavano contestando al di là delle transenne: un gruppo di ortodossi urlanti con uno striscione in mano, mentre arrivava di corsa una macchina governativa che faceva scendere, scortato da almeno dieci uomini, Ben Gvir, il ministro per la Sicurezza nazionale. Il ministro si era messo a provocare, insultare e irridere i manifestanti. Una scena orribile che i parenti e gli amici degli ostaggi hanno vissuto molto male.

«Vedi... abbiamo a che fare con questi...» mi ha detto la ragazza con la quale parlavo poco prima e che ora era spaesata tra la folla.

Anche il pub dove mi vedo con Francesco ha uno striscione appeso: un tifoso dell'Hapoel, uno degli ultras della curva, è un ostaggio. Ma almeno dentro le mura del pub è più facile che qualcuno ti dica: «Basta occupazione, pace e subito due Stati».

Una volta terminata la seconda birra chiedo a Francesco che idea si è fatto del 7 ottobre, di come sia stato possibile secondo lui, avendo contatti con i reparti che lavorano nell'intelligence, dove ha fatto il militare.

«Io credo che i Qassam si siano lasciati prendere la mano, che l'ordine fosse di prendere gli ostaggi, non di uccidere, e se avessero avuto campo libero, di marciare verso Al-Khalil (nome arabo di Hebron) per tagliare in due Israele e far insorgere la Cisgiordania.»

Studio la mappa a memoria e Al-Khalil dista non più di sessanta-settanta chilometri dal muro di Gaza, prima che l'IDF intervenisse c'erano volute quasi dodici ore, avrebbero avuto tutto il tempo di farlo, anche se non sarebbe stato facile.

«Invece hanno scelto di entrare nei kibbutz e andare dritti» chiosa.

L'idea di arrivare ad Al-Khalil non è assurda, ma non ci avevo mai pensato prima, avendo vissuto il 7 ottobre come un'operazione di Hamas a Gaza, completamente staccata dalla Cisgiordania.

«Il problema è stato anche di intelligence» Francesco ne è convinto perché nei mesi precedenti «nessuno aveva ascoltato le conversazioni, nessuno sapeva in quali tunnel fossero» mi dice.

L'operazione di terra è partita il 26 ottobre, diciannove giorni dopo l'attacco di Hamas. L'esercito israeliano è il più organizzato al mondo e una sezione dell'IDF studia con anni di anticipo i possibili scenari che potrebbero verificarsi.

In quei diciannove giorni mi sono spesso chiesto perché non attaccassero, e una delle risposte che mi sono dato è stata che fosse a causa dell'assenza di informazioni d'intelligence.

«Ronen Bar verrà messo sotto accusa appena ci sarà la Commissione d'inchiesta. Il problema è che questa Commissione non la vuole neanche Bibi, ne uscirebbe come il grande responsabile di tutto.»

Ronen Bar è il direttore dell'Agenzia di sicurezza israeliana, in passato è stato vicedirettore dello Shin Bet, i servizi di sicurezza interni, e in Israele tutti puntano il dito su di lui per le falle di informazioni che avrebbero causato quella disfatta. Francesco è tra questi.

Il sistema di ascolto di Gaza per anni era stato capillare, tutto quello che veniva detto o scritto era attenzionato, controllato e seguito, quando si dimostrava interessante. Un grande fratello con un orecchio lungo quarantadue chilometri e largo quattordici, in pratica l'intero territorio di Gaza. Ma negli ultimi tempi qualcosa era cambiato, o meglio, secondo Francesco il sistema non aveva funzionato come al solito.

I servizi segreti e l'esercito erano impegnati in Cisgiordania, soprattutto a Nablus, Jenin, Tulkarem, dove ogni notte avvenivano raid, dove si combatteva in strada, nei quartieri, nei campi profughi. Gaza, invece, dopo l'ultima guerra del 2021 sembrava essere una questione risolta: Hamas aveva scelto di non attaccare, di farsi dimenticare, per poter progettare indisturbata l'attacco del 7 ottobre 2023, facendo in modo che nessuno avesse occhi e orecchie su Gaza.

Ecco perché sono rimasti tutti sorpresi che l'attacco sia arrivato proprio dalla Striscia: l'intelligence non sapeva nulla, aveva fallito nella raccolta d'informazioni.

Conclusioni

«Difficile dimenticare l'odore dei corpi bruciati, delle *body bags* quasi mai piene perché raramente i corpi erano integri, così com'era pieno di bambini mutilati.» Martina Marchiò è stata la coordinatrice sanitaria di Medici senza frontiere a Rafah per sei settimane, forse nei momenti più difficili per la città di confine tra la Striscia e l'Egitto.

«Il giorno più duro è stato il 6 maggio, quando arrivavano notizie contrastanti: Hamas aveva accettato la tregua e la gente si riversava in strada per festeggiare; sembrava la fine di un incubo e invece Israele è andato avanti e il giorno successivo ha mandato un ordine di evacuazione per liberare la zona est di Rafah. Da quel momento ho visto spegnersi la luce negli occhi delle persone, non c'era più spazio per il futuro» mi racconta Martina quando ci vediamo in videochiamata il 24 giugno.

A causa dei suoi e dei miei spostamenti non siamo riusciti a incontrarci e tra qualche giorno dovrà ripartire per andare in Congo.

«Abbiamo provato a fare dei cambi per questa missione ma non c'è stata possibilità, l'idea era quella di tornare a Rafah per altre cinque settimane» mi racconta con lo sguardo ancora affaticato nonostante sia passato quasi un mese da quando ha lasciato Rafah, in quel viaggio «distopico», come lo definisce lei, con le macerie e l'odore di morte da un lato e i campi coltivati dall'altro.

«Il cielo in Israele sembrava più blu, ho pensato a quanto fosse bella la libertà» mi dice nonostante la distanza tra Rafah e il punto di attraversamento sia meno di dieci chilometri, ma nella realtà distopica che lei racconta quel valico è un portale tra due mondi diversi: la guerra, le macerie e l'odore della morte che ti penetra dentro da una parte, e i campi coltivati, gli aperitivi sul lungomare, la musica nei locali dall'altra.

«Non è stato facile andare via, i sensi di colpa ti assalgono mentre saluti lo staff locale, i medici e tutto il personale palestinese che da lì non può muoversi.»

La realtà che racconta, le strade che nomina, i campi profughi che cita sono tutti luoghi che conosco ma che oggi, forse, non riconoscerei. Tutto è cambiato a Gaza e il cambiamento non è stato devastante, ma circoscritto, com'era stato per le altre guerre, il cambiamento ora è ovunque perché tutto è stato distrutto e di quella Gaza che ho conosciuto e frequentato non resta nulla.

Il 7 maggio, a seguito dell'ordine di evacuazione da Rafah disposto da Israele, ottocentomila persone si sono spostate contemporaneamente in meno di ventiquattro ore, un numero impressionante, più della metà della popolazione del Sud della Striscia e circa il triplo rispetto a quella di tutta Gaza al 7 ottobre 2023, quando nella città di confine c'erano 275.000 abitanti.

«Si sono diretti tutti verso ovest, in strada non c'era un centimetro per muoversi, qualcuno è andato a nord ma la maggior parte si è riversata sulla costa, considerata in teoria una zona sicura» racconta Martina. Stare nell'inferno di Rafah per sei settimane non deve essere stato facile, i ricordi si sommano, sbiadiscono, si fanno confusi.

«Quella sera l'odore di carne bruciata era ovunque» mi dice quando le chiedo dell'incendio tra le tende a Rafah, a seguito di un bombardamento che ha causato più di cinquanta morti.

Nella Striscia di Gaza il lavoro negli ospedali funziona a ondate, perché quando c'è un bombardamento in pochi minuti arrivano corpi che ancora respirano, altri mutilati, altri morti, altre volte invece giungono solo parti di corpi cui non è più possibile dare un'identità.

Martina mi confessa di aver avuto un brutto pensiero una volta, ma che a me è parso solo naturale e umano: «Al centro per i traumi è arrivata una serie di corpi, c'erano anche dei bambini, e ho sperato che appartenessero tutti alla stessa famiglia, che non fosse rimasto nessun orfano di questa tragedia».

Qui la medicina è solo quella d'emergenza, gli stessi medici rischiano continuamente di essere colpiti, a causa dei pochi mezzi a disposizione e della rapidità con la quale devono intervenire.

Mentre i carri armati avanzavano da est prendendo prima il valico di Rafah, per proseguire poi verso il mare, Medici senza frontiere ha dovuto abbandonare il centro traumi di Rafah, compresi molti medicinali.

«Siamo usciti dal retro dopo ore in cui avevamo visto sfilare solo soldati» prosegue Martina. «Siamo riusciti a comunicare con i colleghi di un ambulatorio che si trovava nella zona costiera, ci hanno detto che i carri armati si stavano dirigendo in quella direzione.» I medici ce l'hanno fatta ad andare via in tempo prima che l'esercito arrivasse.

L'emergenza è anche dover lavorare in queste condizioni quando invece, in stato di guerra, l'assistenza dovrebbe essere garantita.

Quello cui abbiamo assistito in quasi un anno di conflitto invece non ha precedenti nella storia.

La quantità di esplosivo lanciato su Gaza supera quello della bomba di Hiroshima, quasi quarantamila morti in pochi mesi è un dato incredibile, e dove non arrivano le bombe arrivano la fame e la sete a mietere altre vittime.

La malnutrizione a Gaza non esisteva prima del 7 ottobre, mentre oggi bambini e adulti soffrono la fame.

Mentre scrivo queste conclusioni sono in contatto con Sami Abu Omar, l'amico fixer di cui avete letto in queste pagine, e che quasi quotidianamente mi aggiorna.

Un pomodoro oggi costa due dollari, l'acqua pulita è un miraggio, mentre gli aiuti che arrivano dal cielo con i paracaduti cadono sulle tende o addosso a chi ne ha bisogno, spesso uccidendo.

Un genocidio è in corso davanti agli occhi del mondo, eppure c'è ancora chi, nonostante i quasi quarantamila morti, chiede di condannare il 7 ottobre e Hamas, con il solo obiettivo di affermare che la pulizia etnica in corso a Gaza ha lo scopo di risolvere una volta per tutte il problema della Striscia, perché per il governo israeliano di problema si tratta.

Le dichiarazioni ufficiali cozzano con la realtà: Hamas non è stata sconfitta militarmente, ha dimostrato una capacità di riorganizzarsi e di colpire anche in territori sotto il controllo totale di Israele; la rete di tunnel era molto più vasta di quello che l'IDF si aspettava, e questo ha consentito a Hamas di colpire velocemente e all'improvviso; ma soprattutto Hamas non è stata sconfitta politicamente.

Un sondaggio elettorale del 6 ottobre 2023, effettuato da un istituto internazionale che ha base a Gerusalemme, dava il movimento islamico in forte crisi di consensi, come lo era da oltre un decennio.

Nelle presidenziali del 2021 Haniyeh, capo politico di Hamas, secondo diversi sondaggi non avrebbe preso più del dieci per cento, con un dato ancora più basso a Gaza; l'attuale presidente dell'ANP, Abū Māzen, il diciotto per cento; mentre Marwan Barghouti, in carcere da oltre vent'anni in Israele, leader politico di Fatah negli anni Novanta e capo militare delle Brigate dei martiri di al-Aqsa nella Seconda intifada, avrebbe preso più del trenta per cento, vincendo senza poter fare campagna elettorale, senza poter dire una parola.

A questo punto la questione sarebbe stata tutta politica: uno Stato che viene definito «l'unica democrazia del Medio Oriente» avrebbe rilasciato un presidente eletto democraticamente dagli abitanti di un territorio che quello stesso Stato occupa? Soprattutto, avrebbe trattato? Perché Barghouti è in carcere per essere stato il capo e fondatore delle Brigate dei martiri di al-Aqsa, ma è stato tra i dirigenti che hanno accettato gli accordi di Oslo del 1993, in quanto all'epoca era il segretario di Fatah in Cisgiordania, un ruolo di primo piano. Quindi se Barghouti avesse avuto un mandato del popolo occupato per trattare, l'occupante avrebbe accettato di farlo?

Quelle elezioni non si sono mai tenute e probabilmente

non si terranno mai fino a quando la comunità internazionale non deciderà che il riconoscimento di uno Stato palestinese è l'unica via per una pace duratura.

In quella circostanza iniziarono le tensioni a Sheikh Jarrah, uno dei quartieri di Gerusalemme Est, quindi nella parte araba, dove Israele stava sgomberando le famiglie palestinesi che vivono lì da decenni per far spazio a famiglie israeliane. Ci furono molte manifestazioni a sostegno delle famiglie palestinesi, e questo fece salire la tensione. Successivamente arrivò il divieto di pregare nella Spianata delle moschee durante il Ramadan, i palestinesi che volevano entrare furono dispersi dalle cariche della polizia, poi ci furono scontri in Cisgiordania, lancio di razzi da Gaza. In quella situazione di caos tutti avevano da guadagnarci: l'ANP per evitare la sconfitta di Abū Māzen, Hamas per non vedersi delegittimata politicamente nella Striscia di Gaza, e Israele, che ha bisogno dello status quo per dire che a Gaza ci sono i terroristi e che in Cisgiordania c'è bisogno dei loro raid.

ANP e Hamas difendono il loro orticello mentre Israele se ne prende un pezzo alla volta, operazione militare dopo operazione militare, oppure con le colonie.

Dopo il 7 ottobre, con l'orribile azione di Hamas che ha ucciso 1200 israeliani, tutto è cambiato, Gaza come la conoscevamo prima non esisterà più, e sarà la storia a condannare questo genocidio al quale stiamo assistendo con disinteresse, perché chi lo compie è alleato dei nostri governi.

Forse sarà occupata in parte, forse sarà sotto un mandato internazionale con Egitto, Qatar e non so con quale altro Paese come garante, forse sarà il nuovo lungomare dei coloni ortodossi e ultraortodossi che sognano la Grande Israele, dal fiume al mare ma anche nel Sinai e nel Golan.

Quando avranno finito con Gaza toccherà alla Cisgiordania, ormai diventata un territorio a macchia di leopardo; basterà unire i punti che indicano le colonie per normalizzare quello che è già realtà: la Cisgiordania è israeliana.

E poi c'è il capitolo Libano, con Hezbollah, vera spina nel fianco dello Stato ebraico, più dell'Iran, del quale Hezbollah è diretta emanazione.

Mentre scrivo queste conclusioni l'invasione del Libano non è ancora avvenuta, ma le truppe israeliane sono ammassate al Nord e le dichiarazioni degli esponenti di governo israeliano fanno pensare che l'intenzione sia questa, come è già accaduto altre volte nella storia, l'ultima nel 2006. La strage di Majdal Shams, del 28 luglio 2024, un villaggio del Golan siriano occupato dal 1967 da una comunità di drusi-israeliani e dove sono morti dodici ragazzini mentre giocavano a calcio, ha segnato un punto di non ritorno nelle tensioni tra Hezbollah e Israele nonostante il partito-milizia sciita libanese neghi il coinvolgimento. Due giorni dopo infatti, il 30 luglio 2024, l'IDF ha colpito un edificio a Beirut dove secondo l'esercito israeliano c'era Fuad Shukr, numero due di Hezbollah, persona vicinissima al capo politico Nasrallah e suo consigliere militare. Hezbollah ha negato la sua morte ma l'IDF ha invece confermato la notizia. Un duro colpo per il partito sciita libanese che dal 7 ottobre 2023 ha iniziato a lanciare una quantità di razzi molto più consistente rispetto a prima, fungendo da distrazione per Israele e alleggerire così la pressione su Hamas.

La situazione resta quindi tesa e in divenire, soprattutto dopo l'altro omicidio importante che ha compiuto Israele fuori dai suoi territorio, quello di Ismāʿīl Haniyeh, capo politico di Hamas ucciso in Iran il 31 luglio 2024, a poche ore dal raid che ha colpito Fuad Shukr. L'omicidio di Haniyeh alza il livello dello scontro in Cisgiordania, dove i gruppi armati di Hamas possono colpire i coloni, e lo alza in tutta la regione perché è avvenuto in Iran, nemico giurato d'Israele. Quindi si tratterebbe di una guerra regionale con Iran, Hezbollah, Hamas, Houthi e le altre milizie sciite legate «all'asse della resistenza». Anche perché la regione, soprattutto il Libano, è piena di palestinesi in esilio e per un'eventuale guerra il «Partito di Dio» (traduzione di Hezbollah), potrebbe contare su migliaia di loro che vivono nei campi profughi di Sabra, Shatila ma anche a Tiro e in altri luoghi del Paese dei cedri.

Il genocidio in corso a Gaza ha radicalizzato il dibattito sulla questione palestinese e di conseguenza anche le persone.

Sarà difficile convincere i bambini mutilati e orfani di cui parla Martina Marchiò che la pace con Israele è necessaria, sarà difficile dirgli di perdonare quando a cinque, sei o dieci anni hanno perso tutto.

Eppure, in qualche modo, dovremo fare il possibile per riuscirci.

Epilogo

«*Habibi... how are you?*»

«Tesoro, come stai?»

Questo è il messaggio che dal 7 ottobre ho mandato a Rehaf ogni mattina, per sapere come stesse, per sapere se fosse viva.

I primi giorni ricevevo risposte articolate, dialogavamo, mi mandava le foto della sua casa bellissima, mi spiegava che non sapevano dove andare, che suo padre non poteva muoversi essendo malato oncologico e che sarebbero rimasti a casa fino a quando non li avessero costretti ad andare via.

Rehaf sarebbe dovuta uscire da Rafah il 9 ottobre, un viaggio organizzato da tempo perché aveva ottenuto una residenza artistica a Parigi, il sogno di una vita che si realizzava, dopo anni e anni di studi della lingua francese finalizzati proprio a questo momento.

«*Fine till now.*»

«Bene fino a ora.» I messaggi dopo una decina di giorni sono diventati più sintetici, percepivo una stanchezza quando inviava risposte più lunghe e poi, a fine ottobre, invece ho iniziato a ricevere solo parole singole, esclamazioni, una ogni due o tre ore: «*horrible*», «*terrible*» e cose simili.

Rehaf, che negli ultimi nove anni, con il suo entusiasmo e il suo sorriso, era stata una delle persone più care che avessi nella Striscia di Gaza, allora era irriconoscibile.

Aveva sperato, forse, che il valico di Rafah sarebbe stato riaperto nel giro di due settimane, che i bombardamenti non le avrebbero impedito di inseguire il suo sogno. O forse no, perché sapeva bene che l'azione di Hamas avrebbe provocato una reazione senza precedenti, che lei e la sua famiglia sarebbero stati intrappolati lì dentro.

«Ci hanno mandato l'ordine di evacuazione» mi ha scritto una mattina presto, poi per un paio di giorni non ho più ricevuto suoi messaggi, ai miei non rispondeva, finché non ho letto: «Siamo tornati, con mio padre non possiamo stare al Sud, troppa gente, non c'è spazio e lui è malato».

Dal 2 novembre non ho di nuovo ricevuto più sue risposte, o meglio: non riceveva proprio i messaggi, il suo telefono non aveva segnale. Per sedici giorni ho continuato a scriverle ogni mattina nella speranza di vedere apparire all'improvviso la doppia spunta blu.

«*Habibi, sorry, I'm alive.*»

«Tesoro, scusa, sono viva.» Il 18 novembre 2023 festeggio quando ricevo questo suo messaggio.

«Ci siamo messi in macchina, guidava mio fratello, per andare a est, dove la situazione sembrava più tranquilla. Là ci stava aspettando mio zio, un medico, ma da quel momento non ho più avuto la connessione» mi racconta Rehaf il 23 aprile 2024, a Roma, sulla terrazza di un bar di Montesacro, non distante da casa mia.

La paura che ho provato al pensiero che potesse essere morta me la ricordo bene, come l'ansia che m'induceva a controllare di continuo la chat, ma quello che mi sta raccontando adesso che è salva e si trova qui davanti a me è oltre ogni immaginazione.

«Quando siamo saliti in macchina abbiamo sentito dei colpi di fucile, ma tutto ci era sembrato a posto, solo quando siamo arrivati da mio zio ci siamo accorti che c'era del sangue sul tappetino della macchina e che mio fratello era stato colpito a una gamba» mi spiega davanti al caffè italiano che tante volte le avevo promesso e che oggi finalmente ci stiamo concedendo con serenità.

Si erano ritrovati in mezzo ai combattimenti e un proiettile aveva colpito lo sportello, attraversandolo ed entrando nella gamba sinistra del fratello.

«Non ci ha detto nulla, voleva solo portarci in salvo da nostro zio» aggiunge.

Per lei è la prima volta a Roma e in Italia, finito il caffè ci tuffiamo tra i monumenti della Capitale e i suoi musei.

Da un lato vorrebbe distrarsi, ma dall'altro ha voglia di raccontarmi i tre mesi trascorsi nella peggiore guerra che Gaza abbia mai vissuto.

«I missili israeliani e i razzi di Hamas ci volavano sopra la testa, ma non avevamo un altro luogo in cui andare.»

«A metà gennaio sono riuscita a uscire, è stata la fine dell'inferno, ma non mi sono rilassata fino a quando, due mesi dopo, anche i miei genitori sono usciti e mio padre è stato portato al Cairo per curarsi.»

In quei mesi Rehaf ha sofferto la fame, la sete, non dormiva per il rumore costante degli aerei, dei missili e per l'incessante ronzio dei droni.

«Vivi in ogni istante con la paura di morire, è impossibile rilassarsi in quella situazione, devi continuamente tenere alta la guardia.»

A tratti piange, a tratti sorride. Caravaggio a San Luigi dei Francesi, il Pantheon e le altre meraviglie di Roma la fanno sorridere mentre i ricordi la trascinano nel baratro che si è lasciata alle spalle.

Da quattro mesi è in Europa, è riuscita ad arrivare a Parigi pagando gli egiziani per uscire da Rafah, una mazzetta da 5000 euro circa in cambio della vita. Le sue sorelle sono ad Abu Dhabi dalla sua gemella mentre lei ora dovrà decidere cosa fare: «Mi scade il visto per l'area Schengen, se non trovo un'altra residenza artistica o un lavoro non posso restare. Avrei un'alternativa ma sai cosa comporta...» mi racconta mentre siamo in attesa di due porzioni di rigatoni cacio e pepe in una vecchia osteria del centro di Roma. L'alternativa di cui parla Rehaf è l'asilo politico che per assurdo fino al 7 ottobre 2023 veniva concesso solo se dichiaravi di essere perseguitato da Hamas, perché Israele non è riconosciuto come una minaccia nonostante costringa due milioni e mezzo di persone a vivere sotto assedio e altri milioni di persone sotto occupazione.

Teme di non poter tornare a Gaza se dovesse dichiarare di essere perseguitata da Hamas, perché l'organizzazione islamica si vendicherebbe.

«Tu pensi che ci sarà ancora Gaza dopo questa guerra?» È la prima domanda diretta che le faccio da quando siamo insieme, sapendo che è un dubbio che assale anche lei.

«Non credo, ma se dovesse ancora esserci che faccio?»

«La tua famiglia resta in Egitto per il momento?»

«Sì.»

«Come ultima soluzione io proverei...» le dico.

In Francia forse dopo questa guerra potrebbero riconoscerle lo status di rifugiata anche senza dichiarare di essere perseguitata da Hamas, ma è tutto ancora in divenire, non ci sono stati ancora dei casi, ma è un'opzione che Rehaf potrebbe prendere in considerazione.

«Mi piacerebbe stare in Italia, ho visto che potrei avere delle opportunità a Bologna, a Venezia, ma Roma sarebbe il massimo, potrei stare con te, Valentina e Lorenzo.»

Mi fa effetto vederla nei vicoli di Roma, mi piace farle da cicerone e sarei felice anche io se riuscisse a stare qui, vicino a noi, ma soprattutto lontana da quella guerra così devastante.

Elenco delle immagini

Tutte le foto in cui non viene riportato il copyright sono dell'autore. Si ringrazia Daniele Napolitano per aver concesso l'utilizzo di alcuni suoi scatti qui indicati nelle didascalie.

Pagina 1 dall'alto:
Studentesse in aula durante il corso di fotogiornalismo, Università Al-Aqsa, Striscia di Gaza, dicembre 2014.
Jumana durante una partita di softball, Striscia di Gaza, settembre 2018.

Pagine 2-3 in senso orario:
Allenamento di parkour, Striscia di Gaza, aprile 2016.
Allenamento della polizia militare di Hamas, Striscia di Gaza, gennaio 2015.
Allenamento di parkour, porto di Gaza, dicembre 2014.
Spettacolo musicale all'aperto, Striscia di Gaza, settembre 2018.

Pagine 4-5 in senso orario:
Palazzo bombardato a Shejaiya, Striscia di Gaza, gennaio 2015.
Vista dalla collina di Shejaiya, Striscia di Gaza, aprile 2016.
Artigiano di Shejaiya, Striscia di Gaza, aprile 2016.
Pescatori nel porto di Gaza, settembre 2018.

Pagine 6-7 in senso orario:
Coltivatori di fragole, Beit Lahia, Striscia di Gaza, gennaio 2015.
Bambini nel campo profughi di Shati, Striscia di Gaza, gennaio 2015.
Pescatori nel porto di Gaza, settembre 2018.
Allenamento di pugilato, Deir el Balah, Striscia di Gaza, settembre 2018.

Pagine 8-9 in senso orario:
Scontri al confine Gaza-Israele, settembre 2018.
Selfie in spiaggia, Striscia di Gaza, Aprile 2016.
Ristorante sul lungomare di Gaza City, settembre 2018.
Scontri al confine Gaza-Israele, settembre 2018.

Pagine 10-11 in senso orario:
Famiglia di coloni israeliani sul Mar Morto, Cisgiordania, aprile 2016.
Gerusalemme Est, gennaio 2015.
Centro di Hebron, Cisgiordania, marzo 2016.
Centro storico di Hebron, Cisgiordania, marzo 2016.

Pagine 12-13 in senso orario:
Bottega nel centro storico di Nablus, Cisgiordania, marzo 2016.
Fabbrica di saponi, Nablus, Cisgiordania, marzo 2016.
Bottega nel centro storico di Nablus, Cisgiordania, marzo 2016.
Barbiere di Nablus, Cisgiordania, marzo 2016.

Pagine 14-15 in senso orario:
Cimitero del campo profughi di Jenin, Cisgiordania, maggio 2024. Foto di Daniele Napolitano.
Mercato di Hebron, Cisgiordania, marzo 2016.
Centro di Nablus, Cisgiordania, marzo 2016.
Donna con in mano la foto del figlio, combattente della Jihad islamica palestinese di Jenin, Cisgiordania, maggio 2024.

Pagina 16 dall'alto:
Ritratto di Jumana, Striscia di Gaza, settembre 2019. Foto di Daniele Napolitano.
Ragazzo ferito dall'IDF, campo profughi di Dheisheh, Cisgiordania, maggio 2024.

Indice

Finito di stampare nel mese di novembre 2024
su carta HOLMEN
con fibra vergine proveniente da foreste sostenibili
holmen.com/paper

presso Grafica Veneta S.p.A.
Via Malcanton 2 – Trebaseleghe (PD)

Printed in Italy